Los cuatro PILARES
de la inteligencia financiera

Carlos Tovar

Los cuatro PILARES de la inteligencia financiera

**La clave de las finanzas personales
inteligentes**

finanzas

Los cuatro pilares de la inteligencia financiera
La clave de las finanzas personales inteligentes
Carlos Andrés Tovar Ortiz

Primera edición: Producciones Sin Sentido Común, 2016

D. R. © 2016, Producciones Sin Sentido Común, S. A. de C. V.
    Avenida Revolución 1181, piso 7,
    colonia Merced Gómez,
    03930, Ciudad de México

Teléfono: 55 54 70 30
e-mail: ventas@panoramaed.com.mx
www.panoramaed.com.mx

Texto © Carlos Andrés Tovar Ortiz
Ilustración portada © Victoria Novak y VLADGRIN,
usada para la licencia de Shutterstock.com

ISBN: 978-607-8469-22-2

Impreso en México

Índice

Introducción

Las finanzas personales requieren del conocimiento de nosotros mismos y de nuestros hábitos de consumo. Desarrollar las capacidades propias de la inteligencia financiera es saber definir nuestras metas sin autosabotearlas. Este texto fortalece las habilidades para la correcta obtención, asignación y administración de nuestro dinero.

Actualmente en el medio urbano, en algunas ciudades con establecimientos y grandes centros comerciales, muchas personas estamos acostumbradas a interactuar en el mercado de forma consumista. Esto quiere decir que nos dejamos llevar por la emoción de hacernos de objetos, bienes, servicios, gustos, caprichos, etcétera, con el pretexto de *mientras se pueda...*, lo cual lleva consigo, principalmente, un aumento en el gasto familiar, llegar a la quincena *tablas*[1] y afectar el ahorro y el cumplimiento de metas.

Estos gastos, que algunos disfrazan como *inversiones*, casi nunca producen más riqueza ni, mucho menos, una estabilidad financiera en el hogar, pues con ellos se enfoca todo el ingreso en el consumo corriente, dejando de lado la previsión de ingreso para el futuro (inversión y ahorro), por lo cual las personas necesitan trabajar más (en algunos casos) para conseguir

---

[1] Expresión utilizada cuando el ingreso es igual al gasto, es decir, no sobra nada.

más recursos, se endeudan con tarjetas de crédito o piden créditos personales.

Al final, trabajan en busca de dinero, de sanidad financiera, de reducir su deuda, lo cual no las lleva a una calidad de vida ni buena ni estable, debido a los altos niveles de estrés por los pagos pendientes, y esto hace que enfrenten diversos problemas de salud, lo cual, a su vez, los conduce a gastos no esperados de doctores, hospitales, laboratorios, etcétera. En el mejor de los escenarios cuentan con seguro de gastos médicos mayores, pero en caso de no prevenir tienen que pagar estos gastos en su totalidad o exponerse a un mal servicio, por no contar con un seguro médico o no tener un ahorro planeado para enfermedades o accidentes, y esto se convierte en un círculo vicioso; todo por una mala planeación del dinero, falta de prevención y mala asesoría financiera, si ésta también aplica.

En estos tiempos no podemos darnos el lujo de estar mal informados ni de confiar en cualquier asesor financiero cuando se trata del dinero ganado con esfuerzo, mucho menos cuando es tan fácil tener información a la mano, con sistemas tecnológicos como internet, bibliotecas virtuales y cualquier cantidad de estudios e investigaciones al respecto; pero *la información sin educación no sirve mucho, sólo es un conjunto de datos.*

Por lo anterior, es de vital importancia conocer a detalle algo que cuesta mucho trabajo conseguir, no importa la profesión que tengamos, el nivel de educación con el que contemos ni el sexo o la ideología; no importa nada de eso, ya que cada uno de nosotros, absolutamente toda la sociedad, necesita del dinero y debe saber qué hacer cuando está en sus manos. Hablando como colectividad, todos requerimos una adecuada *cultura financiera* que nos ayude a crear *conciencia* para tener las herramientas con las cuales enfrentar el entorno en el que convivimos a diario y poder, así, resolver cualquier problema que se nos presente con confianza y seguridad, pues entonces tendremos los conocimientos necesarios para desarrollar una inteligencia financiera con la cual conseguir las metas que nos hemos fijado, cualesquiera que éstas sean.

Este libro nos enseña a adquirir esas herramientas y a entender, en un principio, de qué se trata la *inteligencia financiera*, cómo se compone y cómo la podemos lograr.

Sus objetivos son desarrollar la inteligencia financiera con base en las capacidades del intelecto y la razón, la comprensión y el aprendizaje de lenguaje e ideas, la resolución de problemas y la planeación en relación con la administración de los recursos financieros; promover un proceso de confrontación personal, con el fin de superar los mitos financieros para convertirlos en realidad, así como cambiar la forma de pensar ante el entorno financiero y el dinero en sí; finalmente, definir y desarrollar metas claras y específicas y planear el camino para cumplirlas en tiempos y condiciones reales, por medio de habilidades adquiridas a lo largo del libro y llevadas a la práctica.

Por otra parte, con el contenido de este libro, y aplicándolo a la vida diaria, desarrollaremos las siguientes capacidades:

- Enfoque real de las finanzas.
- Definición y consolidación de metas.
- Razonamiento.
- Entendimiento de lenguajes e ideas financieras.
- Resolución de problemas financieros.
- Planeación.
- Ahorro.
- Inversión.
- Toma de decisiones inteligentes.
- Afrontamiento y resolución de obligaciones (deudas).
- Consumir de forma responsable.

En palabras de Benjamín Franklin, uno de los padres fundadores de Estados Unidos y un gran científico, político e inventor estadounidense: "Vacía tus bolsillos en tu mente y tu mente llenará tus bolsillos". No sólo hay que prepararnos para la profesión a la que nos dediquemos, sino también para la administración y la asignación correcta de los recursos que recibimos por nuestro trabajo, y eso lo logramos desarrollando la inteligencia financiera.

Los cuatro pilares de la inteligencia financiera está dirigido a estudiantes, profesionistas, empleados o empresarios de cualquier edad que deseen un futuro mejor y busquen desarrollar habilidades que les permitan administrar, de forma adecuada y efectiva, sus recursos financieros.

CAPÍTULO 1

Romper mitos y construir realidades financieras

Para romper mitos y construir realidades financieras es necesario:

- Cambiar nuestros hábitos financieros.
- Controlar nuestro consumo.
- Planear de forma adecuada nuestros ingresos y egresos.
- Alcanzar nuestras metas.
- Cambiar la percepción financiera que nos rodea.
- Derribar barreras.
- Informarnos y educarnos.

A fin de realizar un cambio en los hábitos financieros, en el control del consumo, en la planeación de ingresos, en la consecución de metas o, básicamente, en cualquier ámbito o cuestión en beneficio de las finanzas personales, primero que nada es necesario e importante cambiar la percepción que tengamos del entorno que nos rodea, es decir, empezar a derribar barreras que no nos permiten avanzar, así como superar los mitos para convertirlos en realidades. Esto lo logramos únicamente con la información y, dicho de mejor manera, con la educación.

En materia financiera, existen algunos mitos, muchas barreras, que nos frenan y no nos permiten gozar de unas finanzas saludables. Estas barreras o mitos los fortalecemos con el tiempo, debido a que parte de la población no está informada o carece de una adecuada educación financiera.

Conociendo a algunas personas en distintas etapas de mi vida, me he percatado de algunos mitos o pensamientos, que tenemos en relación con los servicios financieros y el tema del dinero en general. No son temas aplicados a todos, pero sí a una buena parte de la sociedad y por ello empiezo por enlistar a continuación los 10 principales mitos financieros, así como la realidad de la situación que refieren.

1. La riqueza soluciona todos los males

Mito. Tener un negocio propio y que, aparte, éste sea *una minita de oro*, haber heredado mucho dinero o simplemente tener un sueldo muy alto no es la solución a todos los problemas financieros. Hay jornaleros, taxistas, albañiles, y otros más, que viven al día; sin embargo, hay muchas personas que también llevan su vida así. A lo mejor lo único que cambia son los lujos, pero, de igual manera, las personas que no se cuestionan sobre qué pasaría si pierden su trabajo o quiebra su negocio, no tendrán nada con qué salir de una emergencia. No hay que pensar que el dinero será eterno ni que nunca tendremos algunos problemas financieros. Visto de esta manera, tener mucho dinero no significa no tener problemas.

Realidad. Saber administrar el dinero; tener conciencia clara de los gastos, ingresos y ahorros tendrá como consecuencia, entre otras cosas, gozar de una inteligencia financiera que nos ayudará a tener finanzas siempre sanas y a poder salir adelante cuando se presente cualquier adversidad. Por eso no importa la cantidad de dinero que ganemos o tengamos, *siempre saldremos triunfando al estar bien informados y al tener una buena educación financiera.*

2. Las deudas son sólo para los pobres

Mito. Algunas personas piensan que el nivel de endeudamiento depende directamente del nivel socioeconómico; es decir, que *a menor ingreso mayor nivel de endeudamiento*, aseveración que en realidad es un mito.

Realidad. Las deudas dependen sobre todo del nivel de educación y de la correcta administración; tener grandes ingresos no implica salvarse de las deudas, ya que a mayor ingreso mayor límite de crédito; a mayor límite de crédito mayor cantidad de consumo. *Si aquella persona no cuenta con la cultura financiera suficiente o con el nivel de responsabilidad necesario, lo único que logrará es una deuda imposible de pagar,* causa por la que se meterá en un aprieto que su estatus económico no podrá respaldar.

3. La responsabilidad financiera del hogar es sólo para el que genera el ingreso

Mito. En el pasado se creía que la responsabilidad financiera de una familia era totalmente del hombre. En los últimos años, la apertura laboral para las mujeres es cada vez mayor, por lo cual en algunas familias se comparten gastos; en otras, la situación sigue igual que en el pasado; en otros casos, hay madres solteras que son las encargadas del ingreso familiar en su totalidad. Por ello le podríamos llamar mito al hecho de que toda la responsabilidad financiera familiar recaiga sólo en la persona que genera el ingreso, *aunque más que un mito es una mala costumbre.*

Realidad. La familia es como un equipo de futbol; en éste último un solo jugador no gana los partidos, sino el conjunto de jugadores que conforman el equipo. Por ello es necesario volver una realidad hacer de la familia un equipo en cuanto al control financiero: *todos los que viven de un mismo ingreso son responsables de su cuidado y correcta administración.*

4. El dinero sólo sirve como medio de intercambio

Mito. Cuando llega la quincena, el mes o cual sea el periodo en el que recibamos nuestro ingreso, pensamos en qué compraremos, a dónde iremos o en qué gastaremos el dinero; ya que la mayoría obtiene el dinero para consumir, comprar productos, rentar servicios; *sólo ve el dinero como un medio de compra.*

Realidad. Si bien uno de los principales usos del dinero es adquirir bienes y servicios, en realidad muchas personas no se dan cuenta de que con esa misma suma pueden también comprar más dinero, o incrementar su valor, y es que debemos hacer conciencia de que el dinero atrae más dinero. *Con un uso inteligente de nuestros recursos, en un periodo determinado podemos obtener más dinero que el que recibimos en un principio y así tener un mayor poder adquisitivo.*

5. Los servicios financieros son un fraude

Mito. Por un tiempo, algunas personas le tuvieron miedo al uso de los servicios financieros, y creyeron en el mito de que si dejaban su dinero en el banco, algún día iba a desaparecer. Esa desconfianza se quedó en algunas personas mayores, y se la han transmitido a sus familiares más jóvenes, los cuales temen no sólo a las cuentas bancarias, sino también a las inversiones, a los seguros, a las administradoras del fondo para el retiro (afores), en resumen, a todos los servicios financieros. Eso es únicamente por una sencilla razón: la falta de educación financiera.

Realidad. Hoy en día el entorno financiero está bastante regulado, pero la buena toma de decisiones sobre a qué institución confiarle nuestro dinero sólo depende de nosotros, y para eso necesitamos estar informados, conocer un lenguaje financiero básico; es decir, *requerimos contar con una adecuada educación financiera para que nosotros seamos nuestros mejores asesores financieros.*

6. Las inversiones son sólo para los ricos

Mito. Uno de los mitos más importantes en cuanto a los servicios financieros es que *sólo se puede invertir grandes cantidades de dinero*, lo cual nos hace pensar que las inversiones nada más son para millonarios, razón por la que no buscamos información y nos conformamos con guardar nuestro dinero en cuentas que no generan intereses o producen muy pocos.

Realidad. Si bien muchas casas de Bolsa o fondos de inversión requieren como mínimo una gran cantidad de dinero para invertir, también existen aquéllos en los que *puedes empezar con una pequeña inversión*, la cual nos irá dando el hábito de la invertir y nos ayudará a conocer más sobre ese sector financiero.

7. El dinero estancado pero seguro

Mito. Hemos escuchado muchas veces frases populares como dejar el dinero *bajo el colchón*, o comentarios como: "mis ahorros están más seguros en el cochinito", y todo lo referente a mantener el dinero protegido en nuestras casas. La misma desconfianza del mito número cinco en relación con el fraude en servicios financieros y querer escapar de instituciones financieras hacen que perdamos valor en el día a día de nuestro dinero. *Posiblemente tendremos muchos billetes y monedas, pero éstos no valdrán lo mismo que si los hubiéramos puesto a generar valor por medio de inversiones, negocios, etcétera.* Además, es más riesgoso, pues no podemos controlar que algún *mano larga* o *amante de lo ajeno* se robe esos ahorros que podrían estar totalmente sin resguardo.

Realidad. Hay algo de lo cual no hemos hecho conciencia, el dinero cambia de valor conforme pasa el tiempo; tener nuestro dinero estancado pero seguro no es una solución, ya que estamos perdiendo valor de algo que tanto trabajo nos cuesta. Lo mismo sucede con las tarjetas de débito, que no otorgan nada de intereses, por lo cual *es de vital importancia ganar ese valor real que merece nuestro dinero buscando cuentas o inversiones que nos brinden ese valor agregado.*

8. La solución a los problemas de efectivo son las tarjetas de crédito

Mito. Es un gran error pensar que las tarjetas de crédito son efectivo y la solución para comprar cualquier cosa. Lo que pasa es que las personas en su mayoría consideran que las tarjetas de crédito son dinero propio, cuando en realidad es una deuda que tienen y que deben pagar en su totalidad al final del mes para no producir intereses. Otra equivocación que llegan a cometer es cuando pagan sólo el mínimo, pues ello genera intereses y se ahogan mes con mes hasta que las deudas se vuelven imposibles de pagar.

Realidad. El financiamiento es una extraordinaria herramienta que nos permite adquirir bienes o servicios y facilitar algunos pagos periódicos; además nos ayuda a hacer frente a obligaciones no planeadas o a cubrir emergencias. Pero la realidad es que si no pensamos que ese dinero no es nuestro y lo usamos sin responsabilidad ni conciencia, se vuelve una herramienta que nos puede traer muchos problemas.

El crédito sí podría ser una solución si fuera dinero propio, pero no lo es, sino que es una obligación adquirida a la que debemos hacerle frente con responsabilidad.

9. Trabajar para el dinero

Mito. Otro de los grandes mitos es pensar que debemos trabajar para el dinero, error que produce que éste se convierta en una obsesión para todos y que lo despilfarren o gasten ni bien lo reciban, sin pensar ni tener conciencia de las implicaciones que tiene en las finanzas personales.

Realidad. Debemos cambiar la forma de pensar y enfocarnos en que nuestro dinero trabaje para nosotros y produzca más dinero. Eso lo logramos buscando la mejor forma de inversión segura y efectiva, además realizando compras inteligentes.

10. No alcanza porque ganamos muy poco

Mito. Si a los pocos días de llegar la quincena ya se nos acabó el dinero, no es precisamente porque ganemos muy poco, sino porque las obligaciones son mayores que los ingresos. *Culpar a terceros es lo más fácil, pero la administración de lo que ganamos, sea mucho o poco, depende sólo de nosotros mismos.*

Realidad. Este problema tiene una gran solución, que es el recorte de gastos, la buena planeación y la administración de nuestro presupuesto; lo cual se resume en que *debemos obtener una correcta educación financiera.*

Para algunas personas esta lista resulta confrontativa; para otras resulta una realidad; otras la negarán. Sea cual sea tu reacción, si te identificaste con al menos uno de estos mitos, es el resultado de una falta de educación financiera. Es importante poner empeño, esfuerzo e interés en la educación de esta materia; en conocer todo lo referente a nuestro dinero y su entorno.

CAPÍTULO 2

Abandono de los pensamientos nocivos

Concebir cierto tipo de ideas perjudica nuestra inteligencia financiera. Por tanto, es importante:

- Determinar qué más nos aleja de nuestra meta financiera.
- Quitar de nuestra mente aquellos pensamientos que no nos dejan avanzar.
- Considerar que existen cuatro tipos de pensamientos que nos alejan de la realidad financiera.

En el capítulo anterior enfrentamos ya los principales mitos financieros que no nos dejan crecer como persona, familia, profesionista, empresario o inversionista, según sea el caso. Aun así, si la situación financiera actual es sana, o si hemos tenido un crecimiento financiero, hay información que nos puede ayudar a mejorar aún más.

Si bien es de vital importancia terminar con los mitos y hacer realidad la información financiera disponible, así como comprenderla y aplicarla, antes que cualquier cosa debemos quitar de nuestra mente los pensamientos que no nos dejan avanzar, aquello a lo que podemos llamar *pensamientos nocivos*.

Como complemento a los mitos, existen cuatro tipos de pensamientos que agrupan ciertos hábitos y costumbres en la administración de los recursos financieros que nos alejan de nuestra meta financiera. Estos son:

1. Pensamiento del conformista.
2. Pensamiento del miedoso.
3. Pensamiento del despilfarrador.
4. Pensamiento del despreocupado.

Ya sea que pertenezcamos a un solo tipo de pensamiento o a varios, lo importante es ser sinceros con nosotros mismos y cambiar esas costumbres y barreras que nos hacen disfuncionales en temas financieros.

A continuación explicamos cada uno de los tipos de pensamiento, para lo cual te pido que seas autocrítico y sincero contigo mismo, analices muy bien cada uno de éstos y trates de ver si te identificas con alguno de ellos con la finalidad de identificar el problema y empezar desde cero en el camino del desarrollo de la inteligencia financiera.

Estos pensamientos no son una ciencia exacta ni mucho menos, pero, al igual que en los mitos, se han identificado con base en algunos ejemplos de personas que han tenido problemas serios en el tema financiero, por lo cual se explican a continuación para ayudarte a cambiar y no caigas en estos problemas.

1. Pensamiento del conformista

En este grupo se integran personas que se ajustan a cualquier circunstancia, carecen de motivación y mientras tengan cubiertas sus necesidades básicas no buscarán mejorar sus finanzas personales. Son personas que, principalmente, tratan de aparentar más de lo que tienen, pero, en contradicción con esta actitud, no buscan generar más de lo que tienen.

El proceso de cambio de estas personas se da de una manera muy difícil y se plantea cuando encuentran una motivación que casi siempre es social, tal como una relación de noviazgo, la formación de una familia, el círculo de amigos, etcétera. Y aunque encontrar una motivación de este tipo es algo muy sencillo, estas personas están tan conformes con sus vidas que normalmente son los demás los que se deben ajustar a ellos.

Llegan a arrastrar a otras personas, que están desconcertadas, y las ajustan a su estilo de vida, como a la mayoría de ellos le pasó, pues por pertenecer a un grupo social terminaron sin sueños ni motivaciones de crecimiento financiero. Podrían tener mayor riqueza si desarrollaran una mejor conciencia financiera.

Tabla 1. Características del conformista

CARACTERÍSTICAS Y ESCENARIOS	USOS, COSTUMBRES Y HÁBITOS
Profesión	Empleados y estudiantes hasta de 25 años.
Tipo de ingreso	Salario.
Cultura de gasto	Cobertura de necesidades básicas.
Cultura de ahorro	Si tienen sobrante, lo dejan en la tarjeta de débito.
Cultura de inversión	No visualizan la importancia de los intereses.
Cultura de financiamiento	Cuando el estatus social lo requiere, usan tarjetas de crédito. Pagan el mínimo.
Prevención de riesgos	No prevén emergencias.
Formación del patrimonio	Ven sólo el presente, no les interesa el futuro.
Visualización del dinero	Es una herramienta de pago.
Motivación al cambio	El estatus social, la familia, el cónyuge, los hijos, etcétera.

2. Pensamiento del miedoso

En este grupo se encuentran las personas que son arrastradas por una emoción habitualmente desagradable y provocada por la percepción de un peligro real o supuesto, presente, futuro o incluso pasado.

Los miedosos tienen una aversión natural al riesgo, que se convierte en un hábito de desconfianza, y piensan que todo alrededor de los servicios financieros involucra el mismo riesgo que les aterroriza.

Por lo regular, estas personas tuvieron malas experiencias con los grupos financieros o simplemente desconfían de éstos.

No confían en que nadie se acerque a su dinero; por lo general tienen una buena cantidad de éste, pero el temor a que alguien les pueda robar las ha orillado a tener el dinero congelado y a no generar más riqueza. Podrían tener mayor riqueza si tuvieran una mejor comprensión de ideas y lenguajes financieros.

Tabla 2. Características del miedoso

CARACTERÍSTICAS Y ESCENARIOS	USOS, COSTUMBRES Y HÁBITOS
Profesión	Empleados o jubilados mayores de 35 años.
Tipo de ingreso	Salario o jubilación.
Cultura de gasto	Cobertura de necesidades básicas. Pagan todo en efectivo.
Cultura de ahorro	Son ahorrativos pero seguros, dejan el dinero *bajo el colchón*.
Cultura de inversión	Invierten en bienes inmuebles, nunca en instrumentos financieros.
Cultura de financiamiento	Desconfían de los créditos.
Prevención de riesgos	Normalmente se informan en cuanto a los seguros.

Formación del patrimonio	Buscan propiedades. Ponen atención en las afores.
Visualización del dinero	Es un tesoro.
Motivación al cambio	Los asesores que se ganen su confianza, la educación financiera.

3. Pensamiento del despilfarrador

A este grupo pertenecen las personas que ven el dinero como metal caliente, del cual se deshacen más rápido que lo que se tardan en generarlo; son derrochadores de dinero, tienen un gasto excesivo e innecesario.

Normalmente no tienen responsabilidades familiares y tratan de encajar en un grupo de un estatus social mayor al que pertenecen.

Para ellos todo el ingreso que tienen es una muestra de superioridad y aparentan no tener preocupaciones económicas.

Suelen ser talentosos y hábiles en los negocios, las ventas o alguna actividad física o artística. Dan consejos financieros y profesionales, los cuales son sólo para aparentar una superioridad social. Podrían tener una riqueza mayor si supieran llevar una mejor planeación de su dinero.

Tabla 3. Características del despilfarrador

CARACTERÍSTICAS Y ESCENARIOS	USOS, COSTUMBRES Y HÁBITOS
Profesión	Pequeños empresarios, celebridades, empleados.
Tipo de ingreso	Honorarios, sueldo, utilidades.
Cultura de gasto	Gastos excesivos e innecesarios.
Cultura de ahorro	Para ellos no existe la palabra ahorro.

Cultura de inversión	No tienen sobrantes con los cuales invertir o lo hacen sin estar bien asesorados.
Cultura de financiamiento	Abusan de créditos y tarjeta de crédito.
Prevención de riesgos	Tienen seguros, pero no se ajustan a sus necesidades.
Formación del patrimonio	Piensan que el dinero va y viene.
Visualización del dinero	Determina el índice de estatus social.
Motivación al cambio	Endeudamiento.

4. Pensamiento del despreocupado

Dentro de este grupo están las personas que no siguen las creencias, opiniones o usos generales del dinero; no tienen preocupaciones en cuanto a obtenerlo; siempre cubren bastante bien sus necesidades básicas; pocas veces llegan a tener problemas financieros, pero incurren en errores que, a mediano o largo plazo, pueden ser muy perjudiciales. Su postura que es indiferente a los productos financieros, así como a los detalles y a la toma de decisiones financieras, los hace firmar documentos sin saber las cláusulas importantes y las condiciones, comisiones, tasas de interés, impuestos, etcétera.

Normalmente tienen familia, y su atención a los detalles familiares y laborales los hace mostrar una menor atención a su dinero, ya que traen miles de cosas en la cabeza que son prioritarias para ellos.

Están muy involucrados con los productos financieros y suelen contratar muchos servicios para ellos y su familia. Pero su misma indiferencia puede hacer que esos servicios, en lugar de capitalizarlos económicamente, los pongan en una situación financiera incómoda; todo por no tomar una buena decisión financiera.

Tabla 4. Características del despreocupado · · · 25

CARACTERÍSTICAS Y ESCENARIOS	USOS, COSTUMBRES Y HÁBITOS
Profesión	Pequeños empresarios y empleados.
Tipo de ingreso	Salario o utilidades.
Cultura de gasto	Gastos controlados, desatentos a los detalles.
Cultura de ahorro	Poseen varias cuentas bancarias, pero mal organizadas.
Cultura de inversión	Fuera del perfil de inversionista.
Cultura de financiamiento	Hacen lo que sea para cubrir necesidades o emergencias.
Prevención de riesgos	Carecen de conocimientos, pero cubren riesgos.
Formación de patrimonio	Piensan mucho en el presente.
Visualización del dinero	Es la recompensa del trabajo.
Motivación al cambio	La descapitalización, la falta de atención.

En este momento ya conocemos algunos de los mitos financieros, también los tipos de pensamiento que no nos permiten llegar a nuestra meta, por lo cual, ya en este punto, es de vital importancia confrontarnos a nosotros mismos.

Es aquí donde se encuentra la parte más difícil del desarrollo de la *inteligencia financiera*; donde se diferencian los que logran saber cómo hacer que su dinero genere más dinero de los que son parte de la mayoría que se queda viendo cómo se le escapa su capital, que sufre cuando hay accidentes y debe trabajar constantemente para estabilizar sus finanzas personales; es decir, se convierte en *esclava del dinero*.

Y realmente en esta parte debemos tener la capacidad de distinguir los propios defectos y, sobre todo, la de enfrentarlos; tomar una postura de hacer lo posible para cambiar de hábitos y lograr que no sigamos repitiendo estos errores. Es momento de autoevaluarnos y ser sinceros con nosotros, admitiendo que nadie es superior a los demás y que todos cometemos errores, por lo que hay que esforzarnos por ser mejores y, de esta manera, con *autocrítica*, ir madurando día a día al desarrollar nuestra inteligencia financiera, a fin de lograr bienestar y libertad económica para nosotros y nuestra familia.

Nota: Para que conozcas si perteneces a alguno de los pensamientos nocivos o estás cerca de la inteligencia financiera, responde el cuestionario en el "Anexo 1. Cuestionario de pensamientos nocivos".

CAPÍTULO 3

Las metas financieras

Las metas financieras son:

- Un propósito.
- Una finalidad.
- Uno o varios objetivos que nos fijamos para alcanzar en un tiempo determinado.
- La aplicación de recursos de manera específica.
- Un programa establecido que planeamos y cumplimos eficazmente.

Al llegar a este punto hemos enfrentado barreras y mitos que no nos dejaban salir adelante; también nos confrontamos a nosotros mismos y entendimos qué es lo que no nos deja avanzar hacia lo que nos proponemos, pero ¿qué buscamos alcanzar?, ¿cuál es nuestro objetivo?

Estas preguntas siempre van a ser muy difíciles de contestar si no sabemos lo que queremos o no lo tenemos claro. Hablando específicamente en el ámbito financiero, la meta que muchos buscan es volverse ricos o encontrar la libertad financiera, pero no tienen bien definidos estos conceptos: cuál es el rango de la riqueza o cómo medir la libertad financiera; además no saben ni cómo empezar para cumplir esas metas. Ahí está la importancia de la inteligencia financiera, pero antes de abordar ese tema debemos saber cómo definir nuestros objetivos; para determinar el camino que queremos seguir, tenemos que aprender a definir qué es una meta financiera.

Una meta financiera es un propósito, una finalidad, uno o varios objetivos que nos fijamos para alcanzar en un tiempo determinado, aplicando recursos de manera específica de tal forma que hayamos planeado y cumplido eficazmente con un programa establecido.

Para definir las metas, antes que nada, debemos tener una idea o un sueño específicos, así como una motivación para llevarlos a cabo y una serie de recursos o capacidades que nos permitirán desarrollar y cumplir nuestras metas.

Al definir el objetivo a alcanzar, es de vital importancia que éste cumpla con las siguientes características:

- S: *Specific*, "específica".
- M: *Measurable*, "medible".
- A: *Achievable*, "alcanzable".
- R: *Realistic*, "realista".
- T: *Timely*, "oportuna".

Definiremos a continuación una por una las características para, de esta manera, poder empezar a establecer nuestras metas financieras.

Específica (S)

Las metas deben ser claras y deben enfatizar lo que queremos que pase. Las especificaciones ayudan a enfocar los esfuerzos y a definir lo que vamos a hacer.

Asegurémonos de que las metas que establezcamos sean muy específicas, claras y sencillas. Por ejemplo, antes de fijarnos la meta de tener mucho dinero, primero aclaremos cuánto es mucho dinero y si ser rico es tener un excedente de efectivo; además especifiquemos cuánto es lo que debemos ahorrar al mes, cómo lo vamos a lograr y qué recursos utilizaremos para cumplir las metas.

Medible (M)

Si no podemos cuantificar el objetivo, no podemos manejarlo. Elijamos una meta con un progreso medible para que podamos ver el cambio que ocurre.

¿Cómo vamos a saber cuando alcanzemos la meta? ¡Seamos específicos! Si ya especificamos que ser rico es tener un excedente de efectivo, determinemos a cuánto equivale eso respecto de lo que ganamos, por ejemplo, si decimos: "Quiero tener ahorrado cinco veces mi sueldo o llegar a 100 mil pesos", entonces las cosas cambian: ya especificamos que queremos tener un excedente de efectivo y que el rango de riqueza es alcanzar los 100 mil pesos. Ahora vamos avanzando y nuestra meta ya es medible.

Alcanzable (A)

Cuando identificamos metas que son muy importantes para nosotros, empezamos a deducir maneras en que podemos hacerlas realidad; también desarrollamos actitudes, habilidades y las capacidades financieras para alcanzarlas y empezamos a ver oportunidades, previamente ignoradas, para estar más cerca de lograrlas.

Probablemente no nos comprometeremos a hacer las metas que están muy lejos de nuestro alcance. Aunque podrímos empezar con la mejor de las intenciones, el conocimiento está muy lejos de nuestros medios y nuestros subconsciente evitará que demos nuestro mejor esfuerzo.

Esta guía rápida de cómo establecer metas implica que nuestro objetivo nos estire ligeramente para que sintamos que podemos hacerlo, y necesitemos un verdadero compromiso. Sin embargo, si nuestro propósito es ahorrar un millón de pesos en un mes, sabemos que eso no es posible, pues es muy poco tiempo y nuestros ingresos no se acercan ni un poco a la finalidad; por ello tratemos de hacerla lógica y alcanzable, como lo habíamos dispuesto en el punto anterior; por ejemplo, si tenemos la capacidad de ahorrar 20 mil pesos mensuales, entonces en cinco meses la meta será posible de cumplir.

El sentimiento del éxito que esto brinda nos ayuda a mantenernos motivados.

Realista (R)

Éste no es un sinónimo de *fácil*. *Realista*, en este caso, significa "ser capaz"; significa que la curva del aprendizaje no es una cuesta vertical, que las habilidades necesarias para hacer el trabajo están disponibles, que el proyecto encaja con la estrategia final y las metas de la organización. Un proyecto realista podría presionar las habilidades y los conocimientos de las personas que trabajan en él, pero no debería quebrantarlos. Por ejemplo, una meta de ahorrar un millón de pesos cuando los ahorros mensuales son de 20 mil y se gasta en todo lo que hay enfrente estará lejos de ser alcanzable. No es realista.

La clave de cómo establecer metas que cumplan con este requisito es ¡fijar metas que podamos lograr con esfuerzo!, y que no sean demasiado difíciles, pues podemos establecer el escenario para el fracaso, pero que tampoco sean demasiado sencillas, para que no creamos que no somos muy capaces.

¡Hay que establecer la barrera lo suficientemente alta para un logro satisfactorio!

Oportuna (T)

Un margen de tiempo para cumplir la meta da un objetivo claro hacia el cual trabajar. Si no fijamos un tiempo límite, el compromiso es muy vago; tendemos a no alcanzar nuestra meta, porque sentimos que podemos empezar cuando sea. Sin un margen de tiempo, no hay urgencia para empezar a tomar acción ahora. El tiempo debe ser medible, accesible y realista. Por ejemplo, la meta de ahorrar 100 mil pesos en cinco meses guardando 20 mil pesos cada mes es específica, medible, alcanzable y realista. Ahora nos faltaría tomar el valor de decidir cuándo empezar; por ejemplo, podemos decir: "Empiezo la siguiente quincena", entonces programamos todos los gastos, ahorros e ingresos con el objetivo de iniciar, de forma oportuna, la consecución de la meta.

Aprender cómo establecer metas efectivas y tomar acción inmediata y constante evitará que caigamos nuevamente en la falta de responsabilidad, en la postergación, y nos mantendremos motivados cada día.

Muchas veces olvidar alguna de estas características al momento de definir nuestra meta nos hace caer en un estado de irresponsabilidad o falta de entusiasmo, o nos hace ver tan lejos nuestro objetivo que dejamos de lado todo aquello que en algún momento deseamos. Cada una de las características son herramientas que nos ayudarán a llevar a cabo nuestro primer objetivo, el cual será definir una meta financiera.

Como ya comentábamos en la definición de *meta financiera*, al contemplar un objetivo que sea *específico, medible, alcanzable, realista y oportuno*, viene una parte muy importante que es la consecución de esa meta, la cual acabamos de fijar. Los recursos y las capacidades que nos ayudarán a conseguir nuestro propósito financiero son a lo que llamaremos inteligencia financiera.

Nota: Para que definas tus metas resuelve el "Anexo 2. Define tus metas".

Capítulo 4

Definición de la inteligencia financiera

Para definir la inteligencia es necesario considerar que:

- Es una propiedad de la mente.
- En ésta se relacionan habilidades como el razonamiento, la planeación, la resolución de problemas, la comprensión y el entendimiento de ideas y lenguajes.
- Proviene del latín *intellegentia*.
- Es la capacidad de entender o comprender y de resolver problemas.

La *inteligencia* es el término global mediante el cual se describe una propiedad de la mente en la que se relacionan habilidades tales como las capacidades de razonamiento, planeación, resolución de problemas, comprensión y entendimiento de ideas y lenguajes.

El diccionario de la Real Academia Española define *inteligencia* (del latín *intellegentia*), entre otras acepciones, como la "capacidad de entender o comprender" y como la "capacidad de resolver problemas".

Mientras que a la rama de la economía que "estudia la dinámica y el movimiento de los recursos económicos a través del tiempo, además de su correcta obtención, administración y asignación hacia los diversos agentes económicos" se le conoce como *finanzas*.

Los agentes económicos son las familias, las empresas, el Gobierno y el sistema financiero que están conectados unos con otros con base en una relación que propicia un intercambio de bienes, servicios y recursos financieros, tales como dinero, papeles comerciales, certificados de depósito, metales, *commodities* ("materias primas básicas"), etcétera.

A esta relación comercial en la que llevamos a cabo el intercambio de recursos financieros, bienes y servicios se le conoce como *mercado financiero*.

Por tanto, *inteligencia financiera* se puede definir como la capacidad de razonar, entender ideas y lenguajes financieros y resolver problemas relacionados con la administración, obtención y asignación de los recursos financieros que realizan los diversos agentes económicos en el mercado financiero; también es la capacidad de planeación de esos recursos en un periodo determinado.

La definición de inteligencia financiera que hemos establecido en este libro no implica una obsesión con el dinero ni una forma de enriquecernos, sino todo lo contrario. Ésta engloba la característica de *actuar de forma racional y concienzuda* respecto de algo que cada vez cuesta más trabajo conservar, y ése es nuestro dinero. Antes que nada, hay que saber definir metas y conocer hacia dónde queremos ir con nuestras finanzas.

Algunos autores que han considerado el tema de la inteligencia financiera la definen como una forma de hacer que el dinero trabaje para nosotros, teniendo como meta una libertad financiera. Aquí no hay que confundirnos, ya que si lo que buscamos es que el dinero trabaje para nosotros, tener una libertad financiera, ser excelentes inversionistas, poner un negocio propio o simplemente dejar de ser pobres y empezar a ser ricos, ésas serán las metas financieras, los objetivos a los cuales queremos llegar, mientras que la inteligencia financiera será la capacidad que guíe al cumplimiento de esas metas ya establecidas.

Si bien el enfoque de las finanzas, como tal, es estudiar y analizar el comportamiento de los recursos financieros, llámese de otra manera, el comportamiento del dinero, no debemos olvidar que al enfocarnos sólo en lo material podemos llegar a desarrollar una obsesión por la acumulación de la riqueza. Esto, en primera, nos alejará de la consecución de nuestra meta establecida y, en segunda, dejaremos de actuar de forma racional en el manejo de nuestros recursos; además estaremos perdiendo una parte fundamental no sólo del concepto de inteligencia financiera, sino del concepto general al que se refiere la inteligencia como tal. Estaríamos actuando de una forma irracional, sin control de emociones y dejándonos llevar por la avaricia.

El desarrollo de las capacidades que nos conducen a la inteligencia financiera, por principio, nos proveerá de un sinfín de caminos para manejar, de forma consciente, el control de nuestras finanzas personales. Al abrir los ojos ante este tema, no sólo dejaremos de lado una conducta consumista, o una alocada postura de gasto ante cualquier cosa que se nos ponga enfrente, sino que adquiriremos el conocimiento para entender el lenguaje y las características principales de todo el entorno financiero y, de esta manera, podremos comprender las cosas que suceden alrededor de nuestros recursos, además sabremos tomar decisiones inteligentes al momento de enfrentarnos con problemas relacionados con nuestro dinero. Ejemplo de lo anterior es la resolución de cargos indebidos a nuestras tarjetas de crédito; una postura conveniente frente a la contratación de cuentas de cheques, de ahorro o de débito; el conocimiento total de las tasas de interés y de la repercusión positiva o negativa en las finanzas personales; saber dónde y cómo invertir, y cómo sacarle más provecho a nuestro dinero y, por último, no menos importante, poder hacer frente al control de los gastos, ahorros, inversiones... es decir, saber planear de forma adecuada para que alcanzar una meta financiera, o tener un nivel estable y deseado de riqueza, no se escape de nuestras manos al primer suspiro. En resumidas cuentas, podremos convertirnos en nuestro principal asesor financiero personal, así como en el propio gerente financiero de nuestro presupuesto.

CAPÍTULO 5

Desarrollo de la inteligencia financiera

Cada vez que se habla de dinero en una conversación, escuchamos en las noticias que la Bolsa Mexicana de Valores, con su indicador principal, el índice de precios y cotizaciones (IPC), bajó *tantos* puntos, que la inflación se elevó en determinado porcentaje, simplemente que las tasas de interés cada vez son más altas en los créditos, que México está en crisis, que en Europa hay una desaceleración o sea cual sea la noticia financiera negativa que escuchemos en los medios de comunicación, existe más de uno en cada grupo social que empieza a ponerse nervioso. La noticia lo hace pensar en todo lo que ha trabajado para conseguir un patrimonio, para alimentar a su familia o para viajar, entonces llegan pensamientos nocivos acerca de que aquello por lo que ha trabajado toda su vida desaparecerá de un momento a otro, porque el país se encuentra en malas condiciones económicas. Al mínimo rumor financiero que escuchamos ya pensamos que estamos en crisis financiera, *pegamos el grito en el cielo* y hacemos un alboroto por un tema que, a lo mejor, ni es real.

Las personas que inventan esos rumores son aquéllas que no tienen ni la más remota idea de lo que son las finanzas. Ese tipo de historias es una acumulación de chismes que nos lleva a un estado de caos personal por falta de cultura y de información. Si bien en la información podría existir algún dato de alarma, lo primordial sería no satanizar la situación, sino analizarla junto con las posibles repercusiones que puede traer a nuestras finanzas personales; tomar los índices más importantes, examinarlos y entonces sí tomar una decisión.

Lo anterior lo lograremos teniendo una educación financiera básica, pues no es necesario ser el experto en finanzas para poder entender que ese tema que escuchamos en la radio no afectará a nuestro presupuesto familiar, entonces podremos permanecer en calma, característica principal de la consecución de nuestra primera meta financiera, que debe ser el desarrollo de la inteligencia financiera.

Para el desarrollo de este tema es indispensable retomar la definición que propuse en el capítulo anterior; vuelve a leerla y analízala minuciosamente, con calma, para entenderla y tenerla presente en todo momento.

Entonces, partiendo de esa base, podemos concluir que la inteligencia financiera es el conjunto de cuatro *capacidades*:

- Capacidad de razonamiento.
- Capacidad de entendimiento de ideas y lenguajes financieros.
- Capacidad de resolución de problemas.
- Capacidad de planeación.

Estas capacidades se aplican en los *recursos financieros*, los cuales se:

- Administran.
- Obtienen.
- Asignan.

Lo anterior se hace para beneficio de los diversos *agentes económicos*, los cuales son:

- Familias.

- Empresas.
- Gobierno.
- Sistema financiero.

Y se lleva a cabo en el *mercado financiero*, lugar físico o virtual donde los diversos agentes económicos intercambian los recursos financieros, bienes y servicios en un *periodo* determinado.

Es de vital importancia que la definición quede perfectamente clara, ya que de eso depende el éxito en el desarrollo de nuestra inteligencia financiera.

Toda inteligencia, como habíamos dicho anteriormente, cuenta con el desarrollo de ciertas capacidades. En la definición enlistamos cuatro capacidades principales, las cuales serán la base para el desarrollo de nuestra inteligencia financiera. Conoceremos esas capacidades como los cuatro pilares de la inteligencia financiera.

CAPÍTULO 6

Los cuatro pilares de la inteligencia financiera

Hasta ahora hemos tocado ciertos temas que nos han confrontado con nosotros mismos, así como otros que nos han motivado a conseguir un objetivo planteado, y hemos aprendido el significado completo y a detalle de la inteligencia financiera, así como la importancia de desarrollarla de manera correcta. Todos los detalles que hemos visto en los capítulos anteriores se pueden considerar como los cimientos de una gran estructura; son como la parte fundamental que soporta a los grandes edificios o las raíces que sostienen grandes árboles. Ahora debemos llegar a la estructura como tal, a formar los grandes pilares que sostendrán nuestro techo, nuestra meta, nuestro objetivo; estos pilares son los que nos llevarán al desarrollo de una sólida inteligencia financiera.

Los cuatro pilares de la inteligencia financiera consisten en poseer un razonamiento que nos permita edificar una amplia educación financiera, abarcando desde los conocimientos básicos hasta los más específicos y profundos temas financieros y económicos que nos permitan la adecuada toma de decisiones y resolución de problemas para llegar a una buena planeación financiera, para poder obtener, administrar y asignar nuestros recursos de forma eficiente.

Para llegar a estos cuatro pilares es importante recordar las capacidades que nombramos en la definición en los capítulos anteriores, ¿las recuerdas? Date un momento para enunciarlos sin volver a los capítulos anteriores ni revisar tus notas.

Tengamos en cuenta dichas capacidades, además para este punto empecemos a considerarnos a nosotros mismos como asesores y financieros personales o gerentes financieros familiares. En pocas palabras, comencemos a visualizarnos como financieros; tengamos la profesión que tengamos lograremos especializarnos en temas de finanzas personales. Por ello, en lugar de llamar a los cuatro pilares, igual que en la definición, de una forma tan general, los nombraremos de una manera más específica financieramente. Así, los cuatro pilares de la inteligencia financiera son:

1. La conciencia financiera.
2. La educación financiera.
3. El análisis financiero.
4. El presupuesto financiero.

Figura 1. Los cuatro pilares de la inteligencia financiera

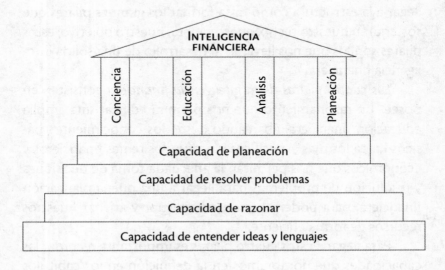

Los cuatro pilares se refieren a las competencias personales que permiten hacer frente a las situaciones cotidianas con base en las capacidades intelectuales que, al desarrollarse de manera eficiente, potencian las habilidades financieras de las personas, a fin de lograr un crecimiento integral que favorezca el razonamiento, la toma de decisiones responsables, el equilibrio personal y familiar, la consecución de metas (cualesquiera que éstas sean), y la comprensión de conceptos y puntos de vista sobre temas financieros y económicos.

Menandro, un comediógrafo griego de los años 300 a.C., quien gozó de bastantes bienes y pudo, de esta manera, llevar una vida acomodada, dijo: "Bienaventurado el que tiene talento y dinero, porque empleará bien éste último". No basta sólo con ser talentosos en lo que hacemos y que nos haga recibir grandes ingresos; es de igual importancia saber conservar y trabajar ese dinero, por lo cual también nos debemos volver talentosos tanto en la obtención de recursos como en su administración y correcta asignación. Por ello, hay que desarrollar ampliamente los cuatro pilares para que nos permitan no sólo llegar a nuestras metas financieras, sino también conservarlas de manera satisfactoria gracias a la correcta aplicación de la inteligencia financiera.

CAPÍTULO 7

Primer pilar.
La conciencia financiera

Para lograr compras inteligentes es necesario:

- Asegurar que los gastos sean menores a los ahorros e ingresos.
- Prevenir riesgos.
- Pensar a futuro.
- Ver por el patrimonio.
- Buscar capitalizar.
- Usar de manera óptima el dinero.

El multimillonario empresario estadounidense Donald Trump dijo lo siguiente en *El arte de la negociación*, su primer libro: "Si de todos modos hay que pensar, más vale hacerlo en grande". Y llegado al punto en el que nos hemos confrontado a nosotros mismos, derribado barreras y creado metas; en el que los cimientos permiten que la construcción sea lo suficientemente fuerte como para soportar grandes pilares, estamos motivados. Es hora de tomar en cuenta el gran consejo que nos da una persona que ha triunfado en los negocios, y éste es pensar en grande. Tenemos que tomar el papel de gerente financiero familiar; debemos creernos que somos financieros, debemos *pensar en grande*.

Ese mismo empresario habló de las 10 claves del éxito; la primera es: "Sé concienzudo. No cuentes con que el azar te llevará a alguna parte, porque no lo hará". Con esa frase iniciaremos el primer pilar de la inteligencia financiera, ya que debemos actuar usando la razón para la consecución de metas, no dejar que nuestro destino defina el camino de nuestras finanzas; no pensar que las cosas se resuelvan solas, pues no lo harán; por ejemplo, si gastamos en nuestras tarjetas de crédito más de lo que podemos pagar, caemos en una fase de morosidad y esperamos que a las empresas financieras se les olvide nuestra deuda, eso no sucederá nunca. Las cosas las tenemos que hacer de manera consciente; si decidimos gastar, lo debemos hacer racionalmente; si decidimos ahorrar, debe ser de forma inteligente. Así pues, todas las decisiones que tomemos disminuirán de manera significativa el riesgo de equivocarnos o de pasar por rachas difíciles de superar.

El primer pilar de la inteligencia financiera responde a la capacidad intelectual de razonar, por lo cual debemos desarrollar lo que llamaremos conciencia financiera. Para efectos prácticos, empezaremos por entender el concepto de *conciencia*, mismo que se deriva del latín *conscientia*, que significa "con conocimiento". Se define, en general, como el conocimiento que un ser tiene de sí mismo y de su entorno; se refiere a la moral, o bien a la recepción normal de los estímulos del interior y el exterior, así como a ligar un conocimiento reflexivo de las cosas. La conciencia predispone a la persona a actuar de forma equilibrada en cuanto a su interpretación intelectual, emocional y moral de los hechos percibidos en tiempo presente. Como ya hemos definido con anterioridad, las finanzas estudian la dinámica y el movimiento de los recursos económicos a través del tiempo; además de su correcta obtención, administración y asignación hacia los diversos agentes económicos.

Uniendo ambos conceptos definiremos la *conciencia financiera* como el conocimiento reflexivo (pensar detenidamente con la finalidad de analizar las situaciones y sacar conclusiones;

meditar) y el actuar de forma equilibrada en cuanto a la interpretación intelectual (estudio o comprensión de una realidad), emocional y moral (conjunto de creencias, normas y circunstancias que determinan el actuar bien o mal) de los hechos relacionados con la correcta obtención, administración y asignación de los recursos económicos.

Definida de una manera más coloquial, la conciencia financiera es analizar detenidamente la obtención, administración y asignación de los recursos financieros, de acuerdo con conocimientos, emociones y normas que rigen el medio financiero.

Ejemplos de la aplicación de la conciencia financiera son hacer compras inteligentes, ahorrar antes de hacer cualquier gasto, no sobreendeudarnos, no gastar más de lo que ganamos, prevenir emergencias, pensar a futuro, formar el patrimonio; es decir, actuar de forma inteligente ante cualquier situación para no descapitalizarnos.

El concepto de conciencia financiera, como tal, puede ser visto como la conducta de las personas ante las distintas situaciones económicas, tales como ingresos, gastos, deudas, inversiones, patrimonios, ahorros, seguros, jubilaciones, etcétera. Para estar preparado ante estas situaciones, debemos tener muy claros todos los rubros que integran nuestra vida financiera y qué importancia tenemos que darle a cada uno.

Hay quienes piensan que todo lo que ganan es directamente proporcional a todo lo que deben gastar, y, de esta manera, al término del periodo de pago están esperando ansiosos el inicio del nuevo; andan rascando los bolsillos tratando de encontrar algo que les ayude a subsistir hasta que paguen de nuevo y, cuando llega el pago, les vuelve a suceder lo mismo. Parece que a muchas personas el dinero les quema, pues rápido buscan deshacerse de él. Ya bien decía Epicuro, filósofo griego de los años 300 a.C.: "¿Quieres ser rico? Pues, no te afanes en aumentar tus bienes, sino en disminuir tu codicia". Mientras más compres y más cosas materiales poseas, no necesariamente generarás más riqueza sino todo lo contrario; por eso es mejor pensar con calma e inteligencia antes de hacer cualquier gasto.

Antes de recibir nuestro dinero hay que fijar una postura consciente de lo que debemos hacer con él, y cómo disponer de éste de acuerdo con los compromisos. En psicología existe un concepto al que se le conoce como la Pirámide de Maslow, la cual es una jerarquía de necesidades que conducen el actuar de una persona y nos ayudan a entender su postura frente al consumo. Son cinco niveles dominantes: necesidades fisiológicas, de seguridad, sociales, del ego y la autorrealización. La conciencia financiera debería actuar casi de la misma manera.

Figura 2. Pirámide de Maslow

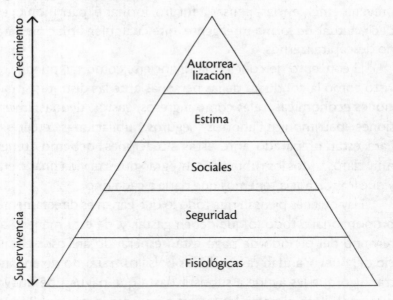

Al llegar los ingresos, antes de sacar cualquier centavo hay que hacer un análisis con detenimiento de la distribución de nuestro dinero. Recuerda la correcta asignación de los recursos y dividir el dinero en los siguientes rubros, respetando la jerarquía de cada uno. A esto le llamaremos *los niveles dominantes*

para el consumo inteligente, los cuales se detallan en la figura siguiente.

Figura 3. Niveles dominantes del consumo inteligente

Estos niveles dominantes del consumo inteligente se relacionan con la cuentas que se desarrollan a continuación:

1. Cuenta de gastos básicos.
2. Cuenta de seguridad y ahorro.
3. Cuenta patrimonial.
4. Cuenta de pertenencia.
5. Cuenta de autosatisfacción.

1. Cuenta de gastos básicos

Hay gastos que, en definitiva, no podemos evitar y que siempre deben ser considerados como los egresos obligatorios. Estos gastos se relációnan con lo básico que necesitamos para vivir y las actividades fisiológicas que nos ayudan a mantenernos protegidos y saludables.

Por eso, esto lo debemos poner en la parte baja de la tabla; es decir, debe ser la primera consideración de asignación de recursos, antes de gastar en algo más.

Las necesidades básicas, que hay que cubrir antes de cualquier cosa, son todo lo relacionado con la *supervivencia*: alimentación, vivienda, vestido y pago de deudas. Cada rubro va a depender del estatus social, de las costumbres, de los ingresos, etcétera, por lo cual es cuestión individual evaluar lo necesario para cubrir lo básico.

Alimentación. La alimentación balanceada es importante para llevar una vida saludable y para evitar enfermedades; por eso debemos considerar el gasto en proteínas, carbohidratos, leguminosas, frutas y verduras, lácteos, semillas, agua, leche, etcétera. Hay que tomar en cuenta lo suficiente para hacer tres comidas balanceadas.

Vivienda. Un techo donde vivir es fundamental, por lo cual aquí tomamos en cuenta lo relativo a la casa: renta, reparaciones básicas, agua, luz, gas, teléfono (en su caso), mantenimiento y demás gastos básicos.

Vestido. Es primordial cubrir la necesidad del vestido, de la ropa que utilicemos, así como encontrar un balance entre ropa de trabajo y de uso diario. Además, en este rubro sólo entra lo básico para vestir, para ir al trabajo y de uso diario; no hay que confundir aquí los gastos extra de compra de ropa y accesorios, como para tener una prenda diferente para cada día del año.

Deudas. Antes de poder gastar en algo más, debemos estar tranquilos. Si bien las necesidades básicas son para cubrir necesidades fisiológicas y evitar enfermedades, también debemos buscar la salud financiera, por lo cual, son necesarios los pagos periódicos o totales de las deudas pendientes.

Esta cuenta incluye sólo gastar en lo básico y necesario para cubrir esas necesidades, por ello, por ejemplo, los restaurantes, la ropa para cada estación o la casa de campo no entran en esta categoría, pues no son nada básicos.

2. Cuenta de seguridad y ahorro

Al haber cubierto nuestras necesidades básicas, sentimos de inmediato cómo descansamos un poco, pero, para estar más relajados, requerimos cubrir las necesidades de protección.

La asignación de dinero a esta cuenta es básicamente para cubrir emergencias futuras, contar con herramientas para realizar nuestro trabajo y desarrollar conocimientos. Los rubros básicos para cubrir las necesidades de protección son ahorro, educación, seguros y transportación.

Es importante hacer un comentario sobre lo que incluye esta cuenta: tanto aquí como a lo largo de este libro hablaremos de los ahorros como lo primordial y en lo que nos debemos enfocar antes de cualquier cosa; sin embargo, para fines prácticos lo ubicamos en este rubro, ya que aunque es imposible ahorrar sin previamente comer o tener un techo donde vivir, es importante que lo consideremos antes de empezar a gastar en cualquier otra cosa. Será parte fundamental para cumplir metas y planes.

Las herramientas que pertenecen a la cuenta de seguridad y ahorro son las siguientes.

Ahorros. Los seguros no son la única manera de prevenir accidentes en el futuro; tener dinero ahorrado siempre nos va a servir para salir de alguna emergencia en algún momento dado, simplemente poder invertir en el futuro o solamente alcanzar alguna de las metas financieras que nos hemos propuesto. Es importante que el dinero ahorrado también nos genere intereses. Recuerda hacer que el dinero trabaje para nosotros.

Educación. Como parte de la cultura y de las herramientas de trabajo o simplemente para seguir desarrollando capacidades, el pago por la educación es de vital importancia; y aunque decidamos estar, o ingresar a nuestros hijos, en universidades o escuelas públicas, debemos tomar en cuenta los gastos por útiles escolares, libros, uniformes, viajes de la escuela, etcétera.

Seguros. Aquél que piense que los accidentes nunca sucederán, que las enfermedades pueden prevenirse o simplemente que no necesitan estar cubiertos para gastos médicos está muy equivocado, ya que es fundamental poder contar con seguros de gastos médicos mayores, de auto, de vida, etcétera. Lo importante es poder descansar tranquilo y estar cubierto para las emergencias futuras, evitando que nos tomen por sorpresa y sin dinero para salir adelante.

Transportación. Parte de las herramientas de trabajo es la transportación. Ya sea que contemos con autos o no, cualquier tipo de transportación supone un gasto importante, por lo que siempre debemos conservar dinero extra para gasolina (en caso de auto propio), casetas (en caso de requerirlas) o simplemente transporte público. Así que debemos saber muy bien cuánto necesitamos para realizar nuestras actividades y contemplarlo en este rubro antes de gastarlo en otras cosas.

3. Cuenta patrimonial

Al llegar a este rubro, hemos cubierto ya nuestras necesidades básicas y de protección para llevar a cabo nuestra vida de manera adecuada, así como para realizar nuestro trabajo y prevenir emergencias futuras. Pero también es importante pensar en el futuro. No importa la edad que tengamos, a nadie le gustaría que llegado el momento del retiro tuviera que depender de su familia o, dicho de una forma más cruda, ser una carga para ellos. Si bien puedes estar en la universidad o saliendo apenas de ella, estar próximo a jubilarte o acabas de formar tu familia, es de vital importancia adelantarte al futuro, empezar a construir algo que sea tuyo y de lo cual puedas vivir mañana.

En esta cuenta entran aquellos gastos que nos supondrán asegurar un buen futuro, que nos permitirán una acumulación de riqueza para utilizarla cuando sea necesario; antes de pensar en lujos hay que pensar en el *yo viejo*, en cómo queremos vivir el día de mañana. Esta cuenta incluye los siguientes rubros: inversiones, propiedades, cuenta de retiro y autos.

Inversiones. Llegado el momento de tomar decisiones para tener algo más que ahorro, es hora de buscar inversiones a largo plazo que permitan generar una mayor riqueza para la consecución de metas financieras, ya sea invertir en un negocio, en metales, en la Bolsa de valores, en fondos de inversión, en divisas, etcétera. Hay que estar informados, pero es importante hacer que nuestro dinero trabaje para nosotros.

Propiedades. Si es que en este momento rentamos, sería inteligente empezar a pensar en tener algo propio, posiblemente un departamento o una casa pequeños, pero algo que nos pertenezca; ya sea que se invierta el dinero para acumular dinero a fin de comprar una casa propia, sacar un crédito hipotecario o cualquier forma para lograrlo, pero tener una propiedad es un ejemplo de la generación de riqueza. En el caso de que se cuente con una vivienda propia, podría ser bueno pensar en tener otra propiedad, la cual pueda incrementar el patrimonio. Pero siempre hay que pensar que, independientemente de lo que compremos, debe ser algo que nos genere valor, no que nos propicie un gasto; de ahí la diferencia entre los *activos buenos* y los *activos malos*.

Cuenta de retiro. En los trabajos con prestaciones de ley se genera el fondo para el retiro (el cual es administrado por una afore). Una de las peores cosas que podemos hacer es conformarnos sólo con lo que recibimos de la afore; de verdad, eso no garantiza la calidad de vida. Es importante hacer aportaciones voluntarias, de preferencia en algún seguro o fondo para el retiro. Además, la mayoría de esas cuentas es deducible de impuestos. Recuerda, nunca es ni muy tarde ni muy temprano para pensar en tu *yo viejo*.

Autos. En esta cuenta es donde, si hay un sobrante de dinero, podemos comprar un auto. Debemos considerar que en caso de sacarlo a crédito, los pagos se irán a deuda, así que se pagarán en la primera cuenta, pero en el caso de necesitar un enganche o una reparación que no cubra el seguro, el dinero deberá salir de esta cuenta.

4. Cuenta de pertenencia

Esta cuenta, junto con la de autosatisfacción, resulta de gran importancia, ya que la mala administración, el derroche de dinero, la falta de ahorro, etcétera, resultan directamente de pensar que estas cuentas van antes de cubrir otras necesidades.

Llegar a este punto aún con dinero es producto de una excelente planeación, ya que, entonces, todas tus necesidades básicas han sido cubiertas, estás protegido y, además, empiezas a prever tu futuro, por lo cual ahora ya puedes pensar en la pertenencia social, en cubrir necesidades de afiliación social, aceptación y afecto. Los rubros que incluyen estas cuentas son restaurantes y bares, ocio y clubes deportivos.

Restaurantes y bares. Al principio comentamos, en la cuenta de gastos básicos, los alimentos que requerimos para cubrir nuestras necesidades básicas. Llegados a este punto, podemos pensar en comer alguna vez en un restaurante de nuestra preferencia con amigos, familia o pareja, así como en ir cierto día a un bar.

Ocio. La distracción es importante para romper con la rutina diaria. En este rubro encontramos las salidas al teatro, al cine, a eventos deportivos o culturales, conciertos o simplemente algunos pasatiempos que tengamos.

Clubes deportivos. Si buscamos una vida más saludable o romper un poco con la rutina diaria, los clubes deportivos ayudarán bastante; por eso en este rubro debemos ubicar los gastos en pago de membresías de gimnasios, clubes deportivos y sociales, equipos deportivos, etcétera.

5. Cuenta de autosatisfacción

Aquí realmente no existe un parámetro específico, pues varía según los gustos, ya que pueden ser autos de lujo, ropa ostentosa o más de la necesaria, viajes o accesorios opulentos, simplemente regresar a la cuenta patrimonial y adquirir propiedades o invertir para generar más riqueza; *en gustos se rompen géneros,* pero es importante actuar de forma inteligente.

Si bien en este capítulo hemos hablado mucho de rubros referentes a la planeación financiera, cabe aclarar que la asignación de recursos divididos en cuentas y en jerarquías no es una planeación financiera como tal, sino que nos sirve para reconocer las necesidades y actuar de forma racional en los compromisos de pago, pues es saber hacer compras inteligentes y distinguir entre el bien y el mal en relación con el uso del dinero. A esa diferenciación y racionalización es a lo que llamamos conciencia financiera.

Nota: Para que aprendas a distribuir de forma consciente tus ingresos, realiza la actividad del "Anexo 3. La pirámide de consumo inteligente".

Capítulo 8

Segundo pilar.
La educación financiera

La educación financiera implica:

- Desarrollar el intelecto.
- Comprender un tema específico.
- Aprender de la administración.
- Aprender y entender un lenguaje.
- Conocer un entorno.
- Tomar decisiones.
- Conocer el entorno financiero.

Partiendo nuevamente de la frase de Benjamín Franklin: "Vacía tus bolsillos en tu mente, y tu mente llenará tus bolsillos", convenzámonos de que nuestra mente es nuestra mejor herramienta para la generación de dinero; es la forma con la cual sabremos administrar algo que tanto trabajo nos cuesta conseguir, y más aún, conservar. El desarrollo del intelecto, en parte, se da teniendo una comprensión sobre un tema específico al aprender y manejar un lenguaje que nos conduzca al entendimiento de ideas y conceptos, de tal manera que podamos llevar a cabo acciones, discusiones, pláticas, decisiones, etcétera.

El segundo pilar de la inteligencia financiera responde a la capacidad de entender y comprender lenguajes e ideas sobre las finanzas, a la cual llamamos educación financiera.

La educación financiera es un proceso en el cual se transmiten conocimientos, valores, costumbres y formas de actuar acerca de la administración, obtención y asignación de recursos económicos y financieros en el entorno donde se lleva a cabo el intercambio entre distintos agentes económicos.

Así pues, siendo las finanzas una rama de la economía, también debemos saber y conocer el entorno en el cual se produce todo el ciclo financiero y económico.

La *economía* es la ciencia social que estudia el comportamiento de los agentes individuales de producción, intercambio, distribución y consumo de bienes y servicios en cuanto a la administración de éstos últimos, que son los medios de necesidad humana y el resultado individual o colectivo de la sociedad.

El comportamiento económico de un país está generado por diversos agentes económicos, es decir, aquellas personas o grupos de personas que realizamos cualquier proceso mediante el cual obtenemos recursos que cubren nuestras necesidades, y que permiten la generación de riqueza de una comunidad, ciudad, región o país.

Los agentes económicos principales son:

- Las familias.
- Las empresas o industrias.
- El Gobierno.
- El sistema financiero (los intermediarios financieros).

Las familias. Cubren una doble función; por un lado forman parte de la fuerza productiva (factores productivos) empleándose y desempeñando labores para que las empresas puedan producir bienes y servicios, a cambio de un ingreso. Por otra parte, demandan bienes y servicios, es decir, compran los factores producidos por las empresas.

Las empresas o industrias. Contratan a las familias para producir bienes y servicios a cambio de una remuneración, sueldos y salarios. También ponen a la venta lo producido para que las familias puedan cubrir sus necesidades a cambio de un pago (gasto).

El Gobierno. Regula a los agentes económicos y cobra impuestos sobre las ganancias obtenidas de ventas, nómina e intereses.

El sistema financiero (los intermediarios financieros). Promueve el ahorro y la inversión de las familias, empresas y gobiernos, generando intereses y, por otro lado, proveen a los agentes económicos de recursos de financiamiento (créditos) y les cobran un interés.

Gran parte de la sociedad mexicana está acostumbrada a capacitarse en los temas que la ayudarán y beneficiarán para la obtención, o mejoramiento, de sus recursos financieros (salarios); por eso estudian diplomados, especialidades o maestrías que sean complementos de su actual profesión o trabajo. Pero no ponen la suficiente atención en estudiar complementos para aprender a cuidar el dinero y administrarlo de forma adecuada.

Por eso este capítulo está dedicado a conocer temas que ayuden y beneficien en el día a día de las finanzas personales. Para fines prácticos, dividiremos en dos los temas de educación financiera básica, útil y necesaria. Las áreas de estudio serán:

- Conceptos financieros complementarios básicos.
- Los indicadores financieros básicos.

Conceptos financieros complementarios básicos

Esta sección nos ayudará a entender los siguientes conceptos básicos de las finanzas, que son complementos para el aprendizaje de los indicadores financieros, así como el lenguaje básico en el entorno de las finanzas personales.

El término *interés* tiene un uso en las finanzas vinculado al valor, la utilidad y la ganancia. Por eso se le conoce como interés al costo del dinero en el tiempo.

Dicho de otra manera, el interés es un índice que, por medio de un porcentaje, permite expresar la rentabilidad de los ahorros o el costo de un crédito. Un plazo fijo de 10 mil pesos con un interés anual de 10% implica que al cabo de un año el inversionista cobrará mil pesos por concepto de intereses.

Por otra parte, el interés de un crédito es lo que debe pagar la persona que solicita el préstamo. Al solicitar un crédito de cinco mil pesos con un interés de 20%, el sujeto tendrá que pagar mil pesos de interés, por lo que devolverá la suma de seis mil pesos.

Existen estos tipos de interés:

- Interés simple.
- Interés compuesto.

Interés simple

En cuanto a la definición de *interés simple*, se trata de los intereses que una inversión produce en un periodo gracias al capital inicial. Por tanto, el interés simple se calcula con base en el capital principal, la tasa de interés y el periodo (el tiempo de la inversión).

Lo importante a la hora de considerar el interés simple es que los intereses producidos por el capital en un determinado tiempo de inversión *no se le acumulan* al primero para generar los intereses correspondientes al siguiente periodo.

Esto quiere decir que el interés simple que genere el capital invertido, o el préstamo adquirido, será igual en todos los periodos de la inversión, siempre que la tasa y el plazo no varíen.

Figura 4. El interés simple

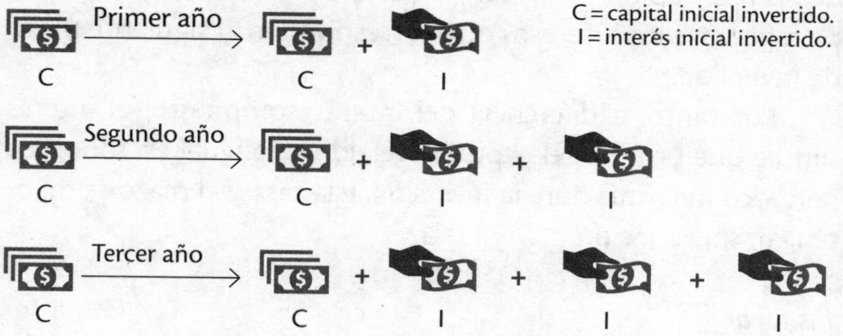

Primer año

C → C + I

C = capital inicial invertido.
I = interés inicial invertido.

Segundo año

C → C + I + I

Tercer año

C → C + I + I + I

Interés compuesto

La noción de *interés compuesto* se refiere al beneficio (o costo) del capital principal a una tasa de interés durante cierto tiempo, en el cual los intereses obtenidos al final de cada periodo no se retiran, sino que se añaden al capital principal. Por tanto, los intereses se reinvierten.

Figura 5. Interés compuesto

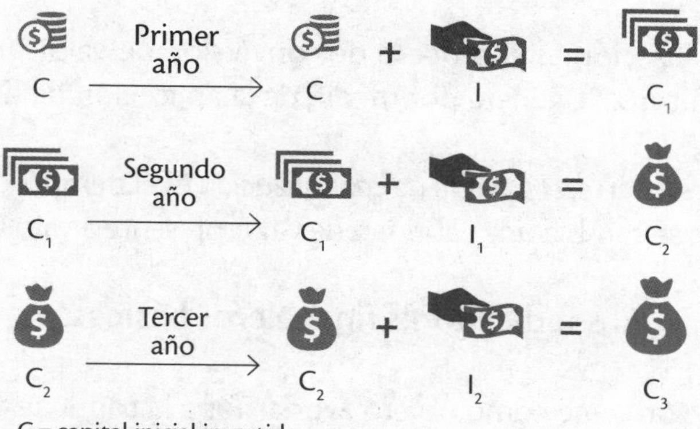

Primer año

C → C + I = C_1

Segundo año

C_1 → C_1 + I_1 = C_2

Tercer año

C_2 → C_2 + I_2 = C_3

C = capital inicial invertido.
I = interés inicial invertido.
C_1 = capital producido después de un año de inversión.
I_1 = interés producido después de un año de inversión.
C_2 = capital producido después de dos años de inversión.
I_2 = interés producido después de dos años de inversion.
C_3 = capital producido después de tres años de inversión.

En cambio, con un interés simple, los intereses producidos por el capital principal en cierto periodo no se acumulan para generar los intereses que corresponden al siguiente plazo de inversión.

Por tanto, a diferencia del interés compuesto, el interés simple que produce el capital invertido será igual en todos los periodos mientras dure la inversión, y la tasa y el plazo se mantengan sin variación.

Tasa real

La tasa real es el tipo de interés esperado al tener en cuenta la pérdida de valor del dinero a causa de la inflación. Por ello se le descuenta a la tasa nominal el porcentaje en el aumento generalizado de los precios (inflación).

El valor aproximado se calcula:

$$\text{Tasa real} = \text{Interés nominal} - \text{Tasa de inflación}$$

Capitalización

La capitalización es el proceso de conversión de valor presente a valor futuro. Se genera por medio de la aplicación de una tasa de interés.

Por su parte, *el periodo de capitalización* es el tiempo, o plazo, en el que se cambia una cantidad de valor presente a valor futuro.

Los indicadores financieros básicos

Esta sección tiene como objeto ayudarnos a la toma de decisiones financieras y está basada en los conceptos principales que aparecen en la sección financiera de cualquier periódico, por lo que aprenderemos a interpretar la información que encontramos en medios impresos y que cambia todos los días.

Tasa de interés interbancaria de equilibrio (TIIE)

La TIIE es una tasa de préstamo entre el banco central y los bancos comerciales, y entre los mismos bancos. Sirve como tasa de referencia al público en general para la toma de decisiones de créditos. Dicha referencia consiste en determinar cuánto extra se va a cobrar por el préstamo a partir de la TIIE, es decir: TIIE + Puntos extras.

Por ejemplo, si la TIIE = 4.84%, un crédito hipotecario sería TIIE + 12%. Y la tasa de interés del crédito hipotecario sería de 16.84% anual.

Otras tasas de referencia en el mundo parecidas a la TIIE son la *prime rate* en Estados Unidos y la LIBOR (London Inter-Bank Offered Rate) en Europa.

Índice de precios y cotizaciones (IPC)

El IPC es un indicador que presenta la evolución del nivel general de precios de las acciones operadas en Bolsa. La muestra del índice está integrada por las emisoras más representativas del sector accionario, mismas que se seleccionan bimestralmente de acuerdo con el nivel de bursatilidad (grado de negociabilidad de un valor cotizado por medio de la Bolsa, que significa la posibilidad de encontrar compradores o vendedores del mismo con relativa facilidad) de los títulos operados, el cual toma en cuenta variables como el número de operaciones, el importe negociado, los días operados y la razón entre el monto operado y el suscrito. La variación en los precios de las acciones determina el rendimiento para el inversionista.

Divisas

El término *divisa* se refiere a toda la moneda utilizada en una región o país ajenos a su lugar de origen. Las divisas fluctúan entre sí dentro del mercado monetario mundial. De este modo, podemos establecer distintos tipos de cambio entre divisas, que cambian de forma constante en función de diversas variables como el crecimiento económico, la inflación o el consumo interno de una nación.

La divisa es el dinero en moneda de otros países en depósitos bancarios. Conviene destacar la diferencia con el término *moneda*, cuyo significado incluiría exclusivamente el metal o papel moneda utilizados para obtener bienes, productos o servicios. La relación, o precio, de la moneda de un país con otras dependerá de los flujos comerciales y financieros entre los residentes de la zona de esa moneda respecto de los de las otras. Las importaciones de bienes y servicios y la inversión en otros países determinarán la demanda de divisas extranjeras; mientras que las exportaciones de bienes y servicios, así como la inversión internacional en nuestra zona, definirán la oferta de la divisa extranjera en el lugar donde nos ubiquemos.

Las divisas más comunes que circulan en los mercados internacionales son el dólar estadounidense, el euro y la libra esterlina.

Inflación

La *inflación*, en economía, es el incremento sostenido y generalizado en los precios de los bienes y los servicios. Las causas que la provocan son variadas, aunque destacan el crecimiento del dinero en circulación, que favorece una mayor demanda, o del costo de los factores de la producción (materias primas, energía, salarios, etcétera). Si se produce una baja continua de los precios, se denomina *deflación*.

La inflación tiene muchas consecuencias negativas. A pesar de que la existencia de inflación controlada (algunos gobiernos la utilizan) puede aumentar el nivel de empleo a corto plazo, la estabilidad de precios es fundamental para el desarrollo de una economía y, en el largo plazo, ésta es perjudicial.

En primer lugar, el deterioro del valor de la moneda es perjudicial para aquellas personas que cobran un salario fijo, como los obreros y pensionados. Esa situación se denomina *pérdida de poder adquisitivo* para los grupos sociales mencionados. A diferencia de otros sectores con ingresos móviles, éstos se ven afectados ya que se va reduciendo su ingreso real mes a mes al comparar lo que podían adquirir con lo que pueden comprar tiempo después. Sin embargo, debe señalarse que si los salarios son rápidamente ajustados a la inflación, se mitiga o elimina la pérdida de poder adquisitivo de algunos grupos sociales.

Por otra parte, la inflación es perjudicial para aquellas personas acreedoras de montos fijos, ya que el valor real de la moneda decrece con el tiempo y su poder de compra disminuirá. Por el contrario, aquellos deudores a tasa fija se verán beneficiados, ya que su pasivo real irá disminuyendo.

Certificados de la Tesorería de la Federación (Cetes)

En México, los Cetes no son más que un instrumento de inversión ofrecido por el Gobierno Federal de México por medio de la Secretaria de Hacienda y Crédito Público (SHCP) y del Banco de México (Banxico).

Con la venta de los Cetes, el Gobierno adquiere liquidez para poder realizar el pago de sus obligaciones, y capital para la construcción y realización de obras en beneficio de la sociedad. Estos instrumentos son colocados a precio de descuento o bajo par.

Los montos, rendimientos, plazos y condiciones de colocación, así como las demás características específicas de las diversas emisiones, son determinados por la SHCP, escuchando previamente la opinión del Banxico. Por lo general se emiten Cetes a 28, 91, 182 y 364 días, aunque se han llegado a emitir a siete y a 14 días y a dos años.

Unidades de inversión (UDIS)

Las famosas UDIS son instrumentos que permiten a bancos, deudores e instituciones crediticias valuar un determinado préstamo o deuda de acuerdo con el nivel adquisitivo del país, es decir, en relación con la inflación diaria.

Las UDIS no son una moneda como tal, pero son un instrumento cotizado en pesos mexicanos.

Es decir, si sacas un crédito de mil UDIS, significa que deberás pagar, el día de hoy, 4 689.80 pesos mexicanos porque una UDI equivale a 4.6898 pesos mexicanos, y este instrumento tiene una tendencia de crecimiento diario.

Las UDIS no son exclusivas para créditos, ya que últimamente han emitido instrumentos de inversión que cotizan en éstas, lo que garantiza que nuestras inversiones crecerán de acuerdo con la inflación.

Dichas unidades fueron creadas después de la crisis de 1994 para proteger a las instituciones crediticias de los efectos de la inflación.

CAPÍTULO 9

Tercer pilar.
El análisis financiero

El análisis financiero implica:

- Resolver problemas.
- Estimar posibles escenarios sobre la asignación de recursos.
- Estudiar posibles riesgos.
- Conocer formas de financiamiento.
- Mejorar las formas de ahorro.
- Tomar decisiones.
- Encontrar diferentes opciones del uso inteligente del dinero.

El tercer pilar de la inteligencia financiera está basado en la capacidad intelectual de resolver problemas, y es una parte fundamental en el proceso para desarrollar nuestra inteligencia financiera, ya que esto nos ayudará a adquirir la habilidad de una eficiente y adecuada toma de decisiones, a partir de la información proporcionada, con el fin de lograr una mayor estabilidad en nuestras finanzas personales.

Para fines prácticos, el desarrollo de este tercer pilar lleva como nombre el análisis financiero, entendiendo como análisis a la distinción y la separación de las partes de un todo hasta llegar a conocer sus principios o elementos.

Así que definimos el *análisis financiero* como el proceso que estudia los límites, las características y las posibles soluciones de un problema para tomar decisiones de acuerdo con la administración y asignación de recursos financieros.

La *toma de decisiones* es el proceso mediante el cual se realiza una elección entre las alternativas, o formas, para resolver diferentes situaciones de la vida en distintos contextos: en el ámbito laboral, familiar, sentimental, empresarial y, en este caso específico, en el de las finanzas personales. Consiste, básicamente, en elegir una alternativa entre las disponibles para resolver un problema actual o potencial (aun cuando no se evidencie un conflicto latente).

En las finanzas personales la toma de decisiones la lleva a cabo una persona que hace uso de su razonamiento y pensamiento para elegir una solución a un problema acerca de su dinero y del entorno que la rodea; es decir, si una persona tiene un problema económico, ésta deberá ser capaz de resolverlo individualmente, por medio de tomar decisiones con ese motivo específico. *En la toma de decisiones importa la elección de un camino a seguir por lo que, en un estado anterior, deben evaluarse alternativas de acción. Si éstas últimas no están presentes, no existirá decisión.*

Para tomar una decisión, no importa su naturaleza, es necesario conocer, comprender y analizar el problema, para así poder darle solución. En algunos casos simples y cotidianos, este proceso se realiza de forma implícita y se soluciona muy rápido, pero existen otros casos en los cuales las consecuencias de una mala o buena elección pueden tener repercusiones en la vida, y si es en un contexto laboral, en el éxito o fracaso de la organización, por lo que es necesario realizar un proceso más estructurado que pueda dar mayor seguridad e información para resolver el problema.

La toma de decisiones en las finanzas personales se aplica, básicamente, en cinco rubros principales:

1. Decisiones de consumo y ahorro.
2. Decisiones de inversión.

3. Decisiones de financiamiento.
4. Decisiones patrimoniales y de prevención.
5. Decisiones de riesgo.

1. Decisiones de consumo y ahorro

De las decisiones más difíciles que una persona debe tomar es la de consumo y ahorro que, aunque es una parte básica de las finanzas personales, se ubica en el rubro personal donde se involucran las emociones, por lo que hay que pelear contra uno mismo, lo cual siempre es una de las batallas más difíciles de librar. Pero uno de los objetivos principales de la inteligencia financiera es empezar a tomar decisiones con la razón y no con la emoción.

En esta sección manejamos las decisiones de consumo y ahorro al mismo tiempo porque siempre van de la mano. No hay que olvidar que el ahorro es el consumo no realizado en el presente para generar valor en el futuro. Pero algo de lo más importante que debemos entender es que *el ahorro no es lo que sobra del ingreso, sino la cantidad de dinero que reservamos antes de disponer para consumo y obligaciones.*

Es primordial que en el momento en el que recibimos el ingreso, llamado quincena, mes, semana, como sea, una cantidad de éste se vaya directo a una cuenta destinada única y exclusivamente para el ahorro y que no se toque, excepto para emergencias o para cumplir la meta propuesta. Si es muy difícil para ti ahorrar porque ves dinero y te mueres de ganas de gastarlo, aplica la de *quítamelo porque me lo gasto*, es decir, antes de que llegue a tus *manitas gastadoras*, direcciónalo automáticamente a una cuenta de inversión o ahorro en la cual no puedas disponer de éste de manera tan inmediata. En el mercado financiero ahora existen muchas herramientas para facilitar el ahorro; hay que buscar la que más convenga, pero de forma inteligente. Lo más importante es tomar la decisión de empezar a ahorrar.

Para crear el hábito del ahorro trata de seguir los siguientes tres pasos:

1) *Conviértete en detective.* Apunta todo aquello en lo que empleas tu dinero por más insignificante que parezca, ya sea en una libretita que lleves contigo o en un bloc de notas de tu celular; es importante que registres cuanto gasto hagas. Conocerte en pesos y centavos es como tener una fotografía donde te darás cuenta de aquello en lo que podrás reducir gastos. Hoy, gracias a la tecnología, existen aplicaciones para celulares que sirven para administrar tu dinero; busca la que más te convenga y empieza a convertirte en detective.

2) *Sé un* pollero *con tus gastos.* Ya que tengas la fotografía, saca las tijeras de pollero y empieza a recortar esos gastos que están de más. Ojo: todo recorte que hagas a tu gasto debe ir directamente a tu cuenta de ahorro, o al lugar donde apartes el dinero que ahorrarás. No será para seguir gastándolo.

3) *Se útil.* Muchas veces, por la flojera de caminar, tomamos un taxi; por la pereza de cocinar, pedimos una pizza, o por la desgana de apretar un botón y poner la lavadora, llevamos la ropa a la lavandería. Piensa en tus metas, en hacer más grande tu cochinito del ahorro, en los beneficios, y vuélvete útil. Haz las cosas por ti y evita gastos: cocina, lava, camina, etcétera.

2. Decisiones de inversión

Empezar a ahorrar sin un plan específico que genere un valor adicional a nuestro dinero, es decir, un plan que no genere intereses, es como tener nuestro dinero estancado, congelado, guardado *bajo el colchón* y, aunque posiblemente esté muy seguro, la verdad es que está perdiendo valor, ya que el dinero constantemente, y conforme pasa el tiempo, cambia de valor: los precios suben y el valor adquisitivo no es el mismo si no estamos logrando que nuestro dinero trabaje para nosotros. Una cuenta de ahorro, o de inversión, debería dar más intereses que la tasa de inflación; es decir, nuestro dinero tiene que incrementar más allá del crecimiento generalizado y sostenido de los precios.

Un plan específico para generar rendimientos adicionales requiere de una adecuada toma de decisiones de inversión, para la cual debemos tener en cuenta nuestras necesidades, obligaciones y, sobre todo, conocernos a nosotros mismos, es decir, saber nuestro *perfil de inversionista*. Por ello debemos conocer las necesidades a cubrir y nuestro actuar del día a día, así como lograr que eso encaje en nuestro plan de inversión para generar rendimientos de forma eficiente, realista y lo más segura posible.

Figura 6. Elementos a considerar en las decisiones de inversión

Estas decisiones tienen que ver con el uso de la razón y con una adecuada educación financiera. Para tomar decisiones de acuerdo con nuestro perfil de inversionistas, debemos conocer y estar familiarizados con tres rubros principales:

a) Mercado de inversión.
b) Horizonte de inversión.
c) Plazo de liquidez.

a) Mercado de inversión

Hay una regla básica en inversiones que dice que a mayor riesgo, mayor rendimiento. Cuando estamos decididos a invertir, debemos tomar en cuenta qué riesgo queremos correr y cuánto rendimiento estamos esperando recibir, o viceversa. Para ello debemos considerar el tipo de mercado donde deseamos invertir. Para fines prácticos, englobaremos sólo los principales mercados de inversión.

Efectivo

En la balanza de rendimiento contra riesgo, es importante que ubiquemos que el menor riesgo a perder en una inversión es conservar el dinero en efectivo *bajo el colchón* o, de igual manera, en una tarjeta de débito o cuenta de ahorro que no genere intereses. El rendimiento es cero, y decimos no perder porque conservamos la misma cantidad de dinero, aunque, en realidad, cuando éste no genera rendimientos está perdiendo valor porque los precios de bienes y servicios siguen subiendo.

Mercado de renta fija

En este mercado se invierte, principalmente, en instrumentos de deuda, ya sea gubernamental (Estados) o empresarial, además de los papeles bancarios. Entendamos *instrumentos de deuda* como un préstamo de un inversionista a una empresa o gobierno para la realización de una obra determinada o una actividad necesaria para el crecimiento de esta institución.

Dicha empresa o gobierno, que emite este instrumento, se compromete a pagar el total del préstamo con un interés determinado. El valor de este instrumento cotiza en mercados, lo cual puede hacer que su valor varíe, ya sea para bien o para mal, pero en general es bastante estable y con un riesgo muy bajo.

Se le conoce como mercado de renta fija no por el valor monetario sino por el plazo en el que se invierte, ya que es un plazo fijo, o sea que la fecha de vencimiento está pactada desde un principio. Ésta es la razón por la cual dichos instrumentos son de riesgo bajo, ya que no llegan a tener tantos movimientos del mercado, o sea, no son instrumentos de alta especulación.

En este mercado es donde se encuentran unos de los instrumentos de inversión más famosos en México, los Cetes, así como los instrumentos gubernamentales a largo plazo, como son los Bonos de Desarrollo del Gobierno Federal (Bondes).

Mercado de renta variable

A este mercado lo podemos llamar también el mercado de valores o bursátil. En éste se cotizan instrumentos que son parte de un capital; esto quiere decir que son pequeñas partes de una empresa, por lo cual los propietarios de estos instrumentos se convierten en copropietarios de dicha compañía.

El tema de renta variable corresponde, principalmente, a los montos recibidos conforme pasa el tiempo, ya que son diferentes y varían en relación con los movimientos del mercado y con el comportamiento de las empresas donde se está invirtiendo. Al ser un instrumento que cotiza en la Bolsa (organización privada que brinda las facilidades necesarias para que sus miembros, atendiendo a los mandatos de sus clientes, introduzcan órdenes y realicen negociaciones de compra y venta de valores, tales como acciones de sociedades o compañías anónimas, bonos públicos y privados, certificados, títulos de participación y una amplia variedad de instrumentos de inversión), está involucrado con la especulación del mercado, por lo cual el riesgo de perder una parte o el total de la inversión es ligeramente alta, pero esto nos conduce a una posibilidad de rendimientos bastante atractivos.

Para invertir en el mercado de renta variable hay que tener en cuenta las siguientes reglas de oro:

Excedente de capital. Es decir, dinero que no necesitemos ni a corto ni a mediano plazo.

Plazos largos. Olvidarnos de ese dinero por lo menos entre uno y dos años.

Diversificar. No tener todos los huevos en una misma canasta; buscar armarse de un portafolio de inversión.

Nuestro consejo para invertir en el mercado de renta variable es que, por lo menos, tengas un poco de experiencia en inversiones pequeñas, como en fondos de inversión, instrumentos gubernamentales o mercados de plazo fijo, pero es importante estar acostumbrado a la sensación de no tener esa liquidez en el momento, para que poco a poco te hagas a la idea de que la especulación no afecta sino hasta que cobras el dinero.

Mercado de derivados

Es útil conocer el tema de los mercados de derivados; en este caso sólo se dará un dato cultural, ya que el contexto de este libro no está involucrado con recomendaciones de este tipo de inversiones, dado que es un tema que requiere de una mayor especialización.

Así que brevemente describiremos el mercado de derivados como el lugar donde cotizan contratos financieros cuyo valor se basa en el valor de otro activo, instrumento, recurso, etcétera.

El activo del que depende el instrumento del que hablamos toma el nombre de activo subyacente, por nombrar un ejemplo, el contrato futuro de los dólares se basa en fijar el precio de éstos en determinada cantidad; así, si sube el precio, tenemos garantizado un precio más bajo, pero si éste baja, estamos comprometidos a continuar con el precio que fijamos en el contrato de derivados.

De esta manera podemos pactar muchos valores, como tasas de interés, oro, materias primas, acciones, etcétera. Es un mercado con alta especulación, por lo cual su nivel de riesgo es mayor de manera directamente proporcional a su nivel de rendimiento.

Mercado de materias primas

A todo bien con valor comercial se le llama *materia prima* (*commodity* o *commodities*, como se le conoce en inglés) y, al ser productos que tienen precios de venta y compra, son catalogados como recursos financieros. Ese precio varía respecto de diferentes factores, tales como la demanda, la oferta, la producción, el ciclo económico, etcétera, por lo cual puede ser considerado un instrumento de inversión, ya que puede atraer ganancias o pérdidas para el inversionista o comprador. Los factores antes mencionados pueden hacer que estos productos tengan una alta variación de precios, y son desde materias primas que consumimos día a día, como frijol o maíz, hasta algo más específico, como petróleo, oro, etcétera. El riesgo de que su valor fluctúe es alto, por lo cual los rendimientos también son muy variables y altamente redituables o riesgosos.

Mercado Forex (foreign exchange)

El mercado Forex es digno de mencionar porque en últimas fechas se ha puesto de moda en México y en el mundo debido a sus altos rendimientos. Es un mercado de moneda extranjera altamente especulativo, en México no se encuentra regulado, por lo tanto está en la parte más alta de nuestra tabla de riesgo y en caso de tener algún problema no hay una institución que nos respalde, además de que son pocos los lugares en el mundo donde, en efecto, se encuentra regulado. Por este motivo, es aconsejable mantenerse alejado de este mercado de inversión.

Figura 7. Riesgos y rendimientos de los distintos tipos de mercados de inversión

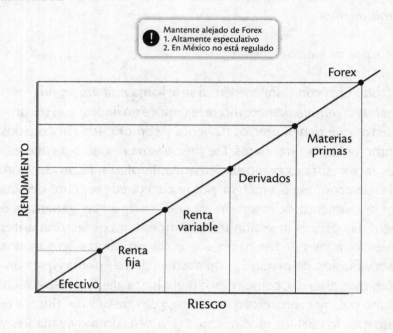

b) **Horizonte de inversión**

Es de vital importancia que una persona que desea invertir se fije, de forma detenida, en el horizonte de inversión del instrumento. Esto quiere decir que se tome en cuenta el plazo, o tiempo, en el cual debe permanecer o se recomienda que permanezca el dinero invertido para, de esta manera, generar los rendimientos esperados de cada instrumento.

El plazo se puede dividir en:

Corto plazo. Es un periodo menor a un año.
Mediano plazo. Ciclos de inversión de uno a tres años. En algunos casos se llega a tomar como mediano plazo hasta cinco años, pero, para fines prácticos, hay que considerarlo hasta tres años.

Largo plazo. En este horizonte de inversión se catalogan los plazos que van de tres años en adelante; también se puede englobar el término *muy largo plazo*, que sería de 10 años en adelante. Encontramos estos plazos principalmente en instrumentos de ahorro para el retiro o en algún plan de metas para la educación de los hijos o para el patrimonio.

c) Plazo de liquidez

El plazo operativo de una inversión para convertir el instrumento de inversión en recursos líquidos responde al nombre de *plazo de liquidez*. Recordemos que cuando invertimos en determinado recurso lo que recibimos son certificados, papeles, pagarés o materias primas que llevan determinado tiempo en recuperar su valor en efectivo. El tiempo que se tarda el instrumento en convertirse en efectivo es precisamente el periodo o plazo de liquidez.

Los plazos que se pueden presentar en cada instrumento son muy variables, y es de vital importancia preguntar esta parte antes de invertir, o poner mucha atención, ya que puede haber plazos desde liquidez inmediata, diaria, de 42 horas, de 72 horas, semanal, mensual, anual, etcétera.

Estas decisiones dependen de la planeación de los gastos y del uso de ese dinero; debes evaluar la disponibilidad que deseas tener de tu dinero para cumplir con obligaciones o eventualidades.

En el tema de las decisiones de inversión podemos, aparte, optar por opciones que sean capaces de invertir en distintos mercados y que sean administradas por instituciones con alta experiencia y autorizadas para este tipo de inversiones. Estos instrumentos llevan por nombre sociedades de inversión o fondos de inversión, en los cuales las empresas operadoras se encargan de organizar portafolios de acuerdo con varios perfiles de inversionistas para que, de esta manera, un grupo de pequeños inversores pueda poner a trabajar su dinero con montos bajos y en mercados a los que por sí solos no lograrían entrar. Es importante que no perdamos el enfoque en la toma de decisión, y nos centremos en el perfil de inversionista para elegir lo más prudente.

3. Decisiones de financiamiento

La herramienta de financiamiento nos permitirá cumplir con algún sueño o meta de forma responsable, con dinero de un tercero, en la mayoría de los casos de una institución bancaria, o conseguido en los mercados financieros.

Todo financiamiento lleva un costo y ésos son los intereses. Antes de pedir prestado, debemos evaluar las condiciones y el costo, de preferencia hacer una evaluación a detalle entre dos o más instituciones que brinden este servicio.

El financiamiento mal usado se puede convertir en una deuda mala que se haga impagable o que se vuelva bastante costosa para el usuario.

En muchas ocasiones, el uso irresponsable de tarjetas de crédito (una de las formas más comunes y más usadas de financiamiento personal) se convierte en un problema para el deudor, al ser en algunos casos una deuda imposible de saldar. Debemos hacer conciencia de que el dinero que pagamos por los intereses podríamos usarlo de forma adecuada para cubrir otras cuentas o, mejor aún, para lograr nuevas metas, por lo que no debemos usar las tarjetas de crédito sólo para caprichos o compras emocionales.

Es de vital importancia que para el uso del financiamiento enfoquemos nuestros esfuerzos en definir nuestras metas y entonces, de ser necesario, echar mano de esta herramienta para llevarlas a cabo. Tal es el caso, por ejemplo, de la compra de una casa, un auto, o levantar un negocio. El financiamiento muy pocas veces debe ir encaminado a la compra de productos personales como la despensa, ropa, artículos electrodomésticos, etcétera. Estos casos deberían estar contemplados en el presupuesto mensual y pagarse con dinero propio.

Es necesario que el monto por el uso de una tarjeta de crédito sea directamente proporcional al ingreso disponible después de ahorrar, cumplir metas y cubrir necesidades básicas, para que a final de mes podamos pagar el total de la deuda y, de esta forma, evitar el pago de intereses.

En todos los casos de financiamiento debemos poner especial atención en el monto a pagar, el porcentaje de interés, la fecha límite de pago y las tasas de morosidad (en caso de no pagar a tiempo el crédito). Muchos de los créditos cobran intereses moratorios al pagar después de la fecha límite de pago, así pues no sólo pagamos los intereses por uso de crédito, sino también por no cubrir los pagos a tiempo.

Así que, por favor, no hay que pagar más de lo que están cobrando; luego, por eso, culpamos a las instituciones de abusivas, cuando nosotros somos los culpables de no llevar una planeación adecuada de los créditos usados.

Figura 8. Estructura de capital

4. Decisiones patrimoniales y de prevención

En varios puntos anteriores hemos hablado de evitar incluir las emociones al momento de tomar decisiones de compra, principalmente porque consumimos artículos o servicios que no son necesarios, sino que nada más son un capricho o son rastros de una meta mal definida. Esto no quiere decir que las emociones nunca deben entrar en las finanzas personales, sino que deben hacerlo convertidas en metas, no sólo en sueños. Las emociones entran muy bien en este rubro. Se puede afirmar que las decisiones patrimoniales son la parte emocional de las finanzas personales, ya que es el punto en donde nos preocupamos por nuestros seres queridos, protegemos nuestras propiedades ante cualquier daño, estamos cubiertos ante enfermedades o accidentes y nos preparamos para tener bien atendido a nuestro *yo viejo*.

Seguros

Un *seguro* es un contrato de buena fe entre dos personas (llámese persona física o moral), en donde el asegurado busca que el asegurador proteja algún bien o persona ante cualquier eventualidad, a cambio del pago de una prima (ya sea mensual, trimestral, semestral o anual). Se llama *contrato de buena fe*, ya que los dos acuerdan decir siempre la verdad y confían uno en el otro.

En algunos casos, que son la razón por la que algunas personas no confían en los seguros y se ha creado el rumor de que no pagan o de que son un fraude, el cliente no fue del todo sincero y cayó en el área de exclusión. Por ejemplo, aquella persona que negó fumar y cuando tuvo un siniestro o enfermedad causado por el cigarro, al no haber dicho la verdad el seguro no estuvo obligado a pagar; por eso es importante que en todo momento hablemos con sinceridad.

Tipos de protección

Hay principalmente tres tipos de protección:

Seguro de vida. Tener una protección adecuada para nuestros seres queridos en caso de algún accidente que nos impida seguir con nuestra actividad económica o, peor aún, en caso de un fallecimiento repentino, nos permitirá vivir más tranquilos y asegurar que a nuestros beneficiarios no les faltará nada. En este rubro también entra la protección de la educación de los hijos y la planificación de un retiro digno y que responda a las necesidades del asegurado.

Seguro médico. Nadie está exento de accidentes o enfermedades, por ello es importante prevenir cuales quiera de estas situaciones con algún seguro de gastos médicos mayores o menores para, en cualquier caso, evitar pagar el total de gastos hospitalarios, honorarios médicos, medicamentos y tratamientos, los cuales en muchas ocasiones, o en la mayoría, llegan a ser muy altos; por tanto, cubrirlos se puede convertir en una tarea muy estresante y complicada. No hay por qué preocuparnos de más cuando podemos gozar de esta tranquilidad.

Seguro de daños. Cuando, por fin, logramos hacernos de propiedades o bienes, lo que menos esperamos es que sufran algún daño. A nadie le gustaría perder algo que tanto esfuerzo o trabajo le ha costado conseguir. Éste es el caso de autos, casas, negocios o algunos equipos de trabajo necesarios para la actividad económica. Por ello es importante protegerlos ante daños, robos, etcétera.

Elementos a considerar en el contrato de un seguro

Cuando buscamos proteger aquello que nos preocupa, debemos poner especial atención en algunos detalles antes de contratar un seguro; éstos son:

Pago de la prima. Este concepto es el más claro, pues es el valor a pagar por la cobertura contratada, pero es importante saber que la cobertura óptima es una prima anual; en caso de no ser posible puede ser semestral; si aún así no podemos pagarla, habrá que buscar el plan trimestral, y en el último de los casos el mensual. En algunas aseguradoras se cobra un cargo adicional por el pago fraccionado de la prima. Por eso decimos que lo conveniente es el pago anual; pero esto no debe ser un pretexto para no estar asegurado, lo importante es estarlo.

Exclusiones y obligaciones. El asegurado debe poner mucha atención en las exclusiones y las obligaciones a las que se compromete, para que las coberturas de la póliza de seguro se apliquen sin ningún problema. En este caso debemos ser muy preguntones y nunca quedarnos con alguna duda. El asesor o agente de seguros está obligado a aclararnos cualquier cuestión.

Suma asegurada. Es la cobertura máxima con la cual se compromete el asegurador a responder en caso de que suceda el siniestro. Ésta va de acuerdo con las condiciones contratadas y con la prima a pagar; obviamente, mientras más grande sea la suma asegurada, más alta será la prima. Depende de cada compañía aseguradora establecer montos mínimos de esta suma para decidir si es necesario algún examen médico o ciertas condiciones especiales para su contratación.

Deducible. En el caso de los seguros, en particular los seguros de daños y médicos, responde principalmente a la participación del asegurado en la pérdida financiera de ambas partes ocasionada por el siniestro, y esto involucra un compromiso mayor por parte del asegurado para que no suceda dicho siniestro. Normalmente, mientras más alta sea la prima, menor será el monto del deducible a pagar. Es de vital importancia tener un fondo de emergencia con el valor del deducible para que en caso de que suceda el siniestro se pueda hacer frente a esta obligación.

Coaseguro. Aplica únicamente en el caso de los gastos médicos mayores y en algunos seguros especiales. Consiste en una participación adicional al deducible y se presenta como el porcentaje que le corresponde pagar al asegurado de la pérdida financiera ocasionada por el siniestro, al igual que el deducible, pero, a diferencia de éste último, es para garantizar que el asegurado hará todo lo posible para evitar gastos en exceso por concepto de honorarios médicos y atención hospitalaria u otros pagos, en su caso. El porcentaje del coaseguro regularmente es pactado entre las partes involucradas y, al igual que el deducible, va de acuerdo con la prima contratada: a mayor importe de prima, menor será el coaseguro. También, en la mayoría de los casos, el importe del coaseguro está limitado por cierta cantidad que establece la aseguradora. El pago del coaseguro es normalmente cobrado por el hospital. En algunas compañías, o en algunos artículos, también recibe el nombre de *copago*.

Preparación para el futuro

Todas las personas económicamente activas debemos preocuparnos por el tema del patrimonio y la prevención a futuro, y crear el fondo que nos garantice un bienestar familiar y personal al momento de nuestro retiro, así como cierta calidad de vida para mantener a nuestro *yo viejo* (eres tú mismo, pero con algunos años más encima).

Es normal que las personas que se preocupan más por ese tema sean las que están más cerca de la edad del retiro, pero en realidad una inteligencia financiera nos ayuda a todos a crear conciencia para prepararnos en este tema sin importar la edad. Mientras más pronto empieces a ocuparte de tu futuro, mayor cantidad de dinero le dejarás a tu *yo viejo*.

Hay varias opciones que nos ayudan a prepararnos para el futuro. A continuación mencionaremos algunas.

Si actualmente tienes, o tuviste, un empleo formal, es decir, con prestaciones de ley, te está prohibido saltarte esta parte. Si no tienes prestaciones de ley y nunca las has tenido, siempre es importante estar informado; ya empezaste a leer, continúa. Las afores son instituciones privadas cuya función es administrar los fondos aportados por parte del patrón, del Gobierno y del empleado, con el objeto de ahorrar para el retiro. El tema importante no es la institución como tal, sino el objeto por el que funciona la institución y para lo que fueron creadas. Cada trabajador asegurado (inscrito al Instituto Mexicano del Seguro Social, IMSS) tiene derecho a una cuenta individual en una afore. Cuando el trabajador no elige una afore sus recursos van a una cuenta concentradora; tiempo después es asignado a una afore, pero puede solicitar el traspaso de los recursos a la de su preferencia una vez al año. Los depósitos en esta cuenta son aportados por el trabajador, el patrón y el Estado; el aporte se realiza cada bimestre los meses de enero, marzo, mayo, julio, septiembre y noviembre.

La cuenta se subdivide en retiro, cesantía en edad avanzada y vejez; aportaciones voluntarias; aportaciones complementarias; y vivienda. La afore únicamente informa al trabajador el saldo de la subcuenta, sin embargo, esos recursos son administrados por el Instituto del Fondo Nacional de la Vivienda para los Trabajadores (Infonavit). Las aportaciones son tomadas directamente de la nómina, antes de que llegue en efectivo al empleado, y su monto se fija de acuerdo con el sueldo bruto que él percibe, al menos que el empleado desee que se hagan aportaciones voluntarias a la afore que él ha elegido.

Las *aportaciones voluntarias* también se toman directamente de la nómina y son deducibles de impuestos; además son una buena opción para crear el hábito del ahorro. Esta cuenta de ahorro para el retiro tiene sus desventajas, ya que para hacerla más grande se debe cotizar en el IMSS todo el periodo hasta llegar a la edad de retiro, que es entre los 60 y 65 años; hasta ese momento se podrá retirar el fondo de ahorro para el retiro.

Por otra parte, en la actualidad el pago de jubilación en México no es directamente proporcional al sueldo percibido a lo largo del tiempo, por eso es recomendable buscar otras opciones. Ojo: contar con una cuenta de afore no garantiza vivir plenamente la jubilación, ya que últimamente ha habido muchos cambios en la regulación y no todas las personas salen beneficiadas. Además, sólo se podrán usar las aportaciones voluntarias a ésta hasta la edad de retiro, así que piensa bien, pues si quieres independizarte antes, lo conveniente es que ahorres e inviertas en otros instrumentos.

Fondo de inversión para el retiro

Está formado por sociedades de inversión que reúnen el dinero de un grupo de pequeños inversionistas y tienen como única finalidad garantizar el ahorro para el retiro, buscando los mejores rendimientos. Estos planes son a largo plazo, el cual puede ser a partir de cinco años, pero se recomienda que sean plazos mayores a 10 años. Las aportaciones, en la mayoría de los casos, dependen del fondo de inversión. Estos instrumentos suelen tener beneficios fiscales para el inversionista. Los retiros de efectivo antes de la jubilación, o del plazo pactado, pueden ser causantes de penalidades monetarias de acuerdo con cada contrato.

Seguro de ahorro para el retiro

Al igual que en las sociedades de inversión, las aseguradoras brindan opciones de ahorro, protección e inversión para asegurar el retiro digno de acuerdo con la calidad de vida de cada persona. En el caso de los seguros de ahorro para el retiro, además de que mediante ellos se genera un ahorro durante 10 años o más, también se obtiene el beneficio de la protección a la familia en caso de fallecimiento o invalidez; se podría decir que es un paquete que contiene ahorro para el retiro, inversión y seguro de vida.

Inversión de capital

Una de las formas de ocuparnos de nuestro futuro y prepararnos para la jubilación es por medio de negocios, empresas e ingresos que garanticen nuestro bienestar cuando lleguemos a la edad en la que nuestra única preocupación sea descansar y disfrutar de lo que sembramos en el pasado. Es obvio que la inversión y los negocios pueden fluir sin la necesidad de estar trabajándolos directamente.

Inversión en bienes raíces

Una excelente opción, que acostumbraban mucho en tiempos pasados nuestros abuelitos y demás, es la de invertir en terrenos, locales, casas, departamentos y propiedades en general. Hoy en día esas inversiones no son las más accesibles, pero una buena inversión y administración de propiedades puede ser una excelente forma de invertir para el futuro. Mediante ésta no sólo contaríamos con propiedades con más valor que el de compra, sino que también podríamos cobrar rentas con las cuales aseguraríamos nuestro futuro y, aparte, combinarla con alguna otra opción de las mencionadas. Hay que poner atención en que realmente ésta sea una inversión que genere dinero, no sólo gastos.

5. Decisiones de riesgo

Toda decisión financiera lleva consigo un determinado riesgo, que debemos analizar y tomar en cuenta para seguir con los planes financieros que queramos llevar a cabo. Nada es 100%

seguro, tampoco por completo riesgoso, siempre hay un área intermedia, que es donde podemos tomar decisiones de acuerdo con nuestras necesidades.

Erróneamente creemos que los riesgos sólo tienen que ver con las inversiones, lo cual no es cierto, ya que hay distintos tipos para cada toma de decisión. A continuación enlistaremos algunos.

Figura 9. Elementos para la toma de decisiones patrimoniales y de prevención

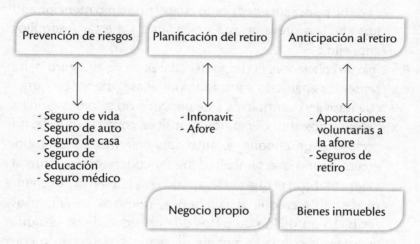

Los principios base de los seguros

Como vimos anteriormente, los seguros son instrumentos que nos ayudan a prevenir ciertos riesgos. Podemos proteger vidas, enfermedades y daños, y de esta manera evitar que un accidente afecte nuestro bolsillo. En muchos casos, consideramos la póliza de seguro como un gasto innecesario, pues pagamos por algo que aún no acontece; desafortunadamente ni Nostradamus ni Harry Potter pueden contra algo seguro como la muerte, una enfermedad o hasta un accidente.

Cuáles son los principios en los que se basan los seguros:

Principio de incertidumbre o aleatoriedad. Existe incertidumbre en cuanto a la posibilidad de que algo malo suceda; éste es el primer principio de un seguro. En los seguros de vida, por ejemplo, aunque existe la certidumbre de que sucederá el fallecimiento del asegurado (lo único seguro que los humanos tenemos es la muerte), se cumple el principio de incertidumbre porque se ignora cuándo sucederá.

Principio de posibilidad. El motivo principal de una persona para contratar un seguro es evitar que algo malo suceda. El siniestro de cuyo acontecimiento nos protegemos en la póliza debe poder suceder, por lo cual el principio mencionado nos ayuda a prevenir esta posibilidad y a estar tranquilos ante ello.

Principio de concreción. El riesgo del cual protege el seguro debe poder ser analizado y valorado por el asegurador de forma cualitativa y cuantitativa. Este principio no sólo nos ayuda a asegurarnos ante cierto riesgo posible, como la muerte, un accidente, un choque de auto, una enfermedad, un robo, etcétera, sino que también debe ser concreto en cuanto al valor total con el que el asegurado está cubierto. Por ejemplo, establecer que si fallecemos, nuestros beneficiarios recibirán un millón de pesos o la cantidad de dinero que acordemos con la compañía de seguros, de acuerdo con nuestras necesidades.

Principio de licitud. El seguro no debe ir en contra de las reglas morales o de orden público ni en perjuicio de terceros. Este principio tiene dos excepciones: en caso de suicidio, porque las pólizas de vida establecen un periodo de carencia de un año o dos (depende de la compañía) para estar garantizado; y el seguro de responsabilidad civil, porque el fin esencial del seguro es la protección de la víctima, que podría quedar desamparada ante la insolvencia de la persona causante del daño.

Principio de casualidad. El riesgo del cual protege el seguro debe provenir de un acto o acontecimiento ajeno a la voluntad humana; debe ser fortuito.

Inversiones

En las inversiones es donde más se habla del tema de riesgos, y es el factor principal por el que gran parte de las personas se alejan de cualquier tipo de inversión y, dado este temor, dejan que su dinero pierda valor y no trabaje para ellas.

A continuación se enlistan los principales riesgos en el tema de las inversiones para, de esta manera, poder tomar la mejor decisión y quitar también pensamientos nocivos que nos alejan de nuestra inteligencia financiera.

Los riesgos de mercado. El riesgo principal asociado a las inversiones está ligado a la variabilidad del rendimiento, es decir, a cuánto puede subir o bajar de valor inesperadamente (plusvalía y minusvalía) una inversión. Así, el riesgo de mercado se fundamenta en la volatilidad propia de las inversiones, especialmente en las inversiones en títulos o valores, como acciones, bonos, fondos de inversión, porque el valor cambia de acuerdo con las condiciones del mercado, entre otras cosas.

Este riesgo también se conoce como riesgo sistemático, debido a que las fluctuaciones en los títulos o valores igualmente están asociadas con los movimientos que el mercado toma en forma general, dejando las inversiones expuestas a, por ejemplo, recesiones, guerras, cambios estructurales en la economía, cambios en las leyes fiscales, ataques terroristas, entre otros factores.

El riesgo de mercado consiste en la posibilidad de que una inversión, por ejemplo, una acción, baje de valor y, como resultado, si ésta se vende, el inversionista recibiría menos que lo que pagó por ella. Por esta razón se hace tanto hincapié en que tomemos en cuenta el tiempo que vamos a invertir nuestro dinero, dado que si llega a tener minusvalía, aún podríamos esperarnos al momento adecuado de vender. El precio de una determinada inversión es el reflejo de los diferentes factores que afectan la oferta y la demanda. Por tanto, es importante que sepas que sólo *pierdes si vendes cuando tiene minusvalía, y ganas cuando vendes con plusvalía. Todo esto ocurre hasta que haces efectivas tus acciones.*

Los riesgos comerciales. Las empresas están expuestas a una mayor competencia, mala administración, insolvencia financiera y otros factores que pueden causar un deterioro en las ventas o en el crecimiento que se esperaba de ellas, lo cual afectaría negativamente el precio de sus acciones y bonos. Hay un número de industrias que están predispuestas a un mayor nivel de riesgo comercial. De ahí la importancia de investigar las condiciones de la empresa, o de los títulos, en que vamos a invertir. *Una regla de oro en las inversiones es que* nunca pongas todos los huevos en una canasta; *diversifica.*

El riesgo de la inflación. La inflación reduce el rendimiento que generan las inversiones. Existe la posibilidad de que el valor de un activo no crezca lo suficiente como para mantenerse con el ritmo de la inflación. *Si,* con el transcurso del tiempo, *la tasa inflacionaria es mayor al rendimiento que genera la inversión,* el dinero que invertimos tendrá un poder de compra menor, que resultará en un retorno real negativo.

Para evadir el riesgo que genera el mercado de valores, y porque se sienten más seguras, algunas personas tienden a dejar su dinero en el banco, ya sea en una cuenta de ahorro o un certificado de depósito. Sin embargo, esta estrategia podría ser riesgosa, especialmente a largo plazo, dado que existe la posibilidad de que el valor del dinero se erosione con el tiempo, por causa de la inflación. Ésta última hace que el costo de la vida aumente, por lo cual una inversión requiere de un rendimiento igual o mayor a la inflación para generar un rendimiento real. *Nunca dejes que tu dinero se estacione* bajo el colchón; sácale provecho y haz que trabaje para ti.

Los riesgos a los cambios en las tasas de interés. Las inversiones que ofrecen un rendimiento o ingreso fijo (como los certificados de depósito, acciones preferentes y bonos gubernamentales) son sensibles a las fluctuaciones de las tasas de interés.

El valor de mercado de estos títulos varía de manera inversa en relación con los cambios en las tasas de interés. También si el inversor amarra el dinero a un instrumento con un rendimiento fijo y las tasas de interés suben, podría dejar de ganar. *No te conformes cuando de inversiones se trata; no tienes que arriesgarte mucho, pero tampoco conformarte con poco.*

El riesgo de liquidez. Este riesgo consiste en que el título o activo en el cual tienes invertido tu dinero no pueda convertirse en efectivo líquido, es decir, que no pueda ser pagado; o si tienes inversiones en plazos fijos o forzosos, como los certificados bancarios, debes cumplir el plazo contratado, y en caso de tener una emergencia no podrás hacer uso de ese efectivo. Una de las partes del perfil del inversionista es el periodo de liquidez, por tanto, debes hacer un análisis de éste antes de realizar cualquier inversión. *Haz un presupuesto y determina en cuánto tiempo no necesitarás ese dinero; entonces decide dónde invertir.*

El riesgo de mora. Uno de los tipos de inversión es las inversiones de deuda, ya sea gubernamental o corporativa. El riesgo de mora se da cuando el emisor, o dicho de otra forma, la empresa o entidad a la que se le invierte el dinero, no tiene la capacidad de pago y no puede regresar ni el capital ni los rendimientos. Por eso es importante investigar y analizar la entidad donde invertirás y no dejarte llevar por los rendimientos esperados. *Investiga en dónde inviertes, no seas tan confiado ni te dejes llevar sólo por los rendimientos.*

El riesgo político. Un gobierno puede tomar decisiones que afecten el clima económico y la estabilidad, dejando vulnerables las inversiones, tanto para el mercado interno como para los extranjeros. Un país, por ejemplo, puede entrar en guerra, hacer una revolución, confiscar bienes, imponer salarios mínimos y elevar los impuestos, y todas estas decisiones afectarán la manera en la que los inversores perciben la estabilidad o confianza de ese país. No es muy común, pero es posible que suceda. *Podrías evitar este riesgo en su totalidad, teniendo principalmente una buena educación financiera; así podrás mantenerte informado, con datos realmente eficientes para tus tomas de decisiones.*

CAPÍTULO 10

Cuarto pilar.
La planeación financiera

Una planeación financiera involucra las actividades siguientes:

- Poner en marcha los planes.
- Conseguir las metas.
- Alinear todos los pilares.
- Ordenar y organizar los gastos.
- Asignar de manera eficiente los ingresos.
- Identificar los gastos innecesarios.
- Listar todas las actividades financieras.
- Elaborar el presupuesto familiar.

El cuarto pilar se conforma por la integración de los tres anteriores, con el propósito de llevar a cabo todas las metas propuestas. Si bien es el más sencillo de explicar, es también el más completo de las actividades y el que involucra todos los aspectos financieros. El dominio de éste último pilar nos enfrenta a la verdadera realización de la inteligencia financiera, en donde desarrollamos, conocemos y ponemos en marcha planes, proyectos y actividades financieras que guían a un cumplimiento de sueños y metas.

Para llevar una adecuada planeación financiera e integrar todos los pilares, es necesario plasmarla en papel (o en medios electrónicos, en su caso). Lo importante es que esa planeación y las decisiones que tomemos estén por escrito, ¿y cómo lograremos esto? La respuesta es muy sencilla: llevando un presupuesto. Se dice muy fácil, pero en la práctica tiene su respectivo grado de dificultad.

¿Qué es el presupuesto?

Entendamos como presupuesto el cálculo anticipado y programado de la actividad financiera de una familia, empresa o persona.

Para fines prácticos, imaginemos un entrenador de futbol, ¿listo? Él tiene como función principal generar una estrategia utilizando sus recursos disponibles (jugadores), de tal manera que buscará lograr un resultado favorable. Para definir su estrategia debe tomar en cuenta al equipo contrario y algunos factores como el clima, la cancha de juego, el apoyo de la porra, etcétera. Normalmente, ningún estratega busca perder, por lo cual debe tomar las decisiones adecuadas para ganar, y mientras mejor juegue y más ventaja tenga, será más deseable.

En el caso de las finanzas personales, nuestra estrategia para ganar será el presupuesto, que hay que verlo como un plan de acción dirigido al cumplimiento de metas personales y familiares.

Por otro lado, una de las ventajas en el uso adecuado de un presupuesto es que evitamos el derroche de dinero, ya que es una herramienta que nos ayuda a la *óptima* asignación de los recursos financieros.

¿Cómo definir una estrategia?

Todo presupuesto tiene un objetivo claro. En nuestro caso ya lo establecimos desde un principio al determinar nuestras metas específicas. También hemos visto algunos detalles que debemos tener en cuenta para la toma de decisiones; ahora hay que definir qué estrategia nos permitirá cumplir esas metas, y esta estrategia debe estar considerada dentro del presupuesto.

En finanzas personales hay tres puntos principales para lograr una adecuada estrategia financiera:

Asignación inteligente de ingreso. Hay que evaluar que cada rubro al que se asigne el presupuesto sea necesario y establecer grados de prioridad; de esta manera, se facilitará la realización del presupuesto de una forma más ordenada.

Planeación de gastos. El presupuesto es la planeación de gastos, o el anticiparnos a éstos, y en realidad cuántas personas se atienen a todos estos planes. Lo importante de hacer una planeación de gastos es llevarla siempre presente y ser fuerte ante cualquier tentación que venga por delante. Al momento en que respetas tu plan de gastos, cumples con gran parte de tu estrategia para alcanzar tus metas.

Compras inteligentes. Además de una asignación inteligente de recursos y de una adecuada planeación de gastos, valga la redundancia, es importante que toda compra que hagamos sea relevante; esto quiere decir que sea una compra decidida por la inteligencia, no por el instinto. Muchas veces nos dejamos llevar por la emoción del momento y le damos un golpe a nuestro bolsillo; de ahí recomendaciones sencillas como no tener hambre cuando compras la despensa, ir con suficiente tiempo para comprar ropa o no cargar siempre la tarjeta de crédito.

Como parte de la estrategia para cumplir metas y empezar un presupuesto exitoso, debemos tomar en cuenta estos tres principales detalles, que se resumen en *saber gastar*.

¿Cómo elaborar un plan?

Como habíamos comentado anteriormente, un presupuesto es un plan de acción dirigido al cumplimiento de metas. Por ello, por principio, debemos tomar en cuenta el plan a seguir y cómo le daremos forma, para lo cual debemos definir ciertas prioridades antes de crear nuestro presupuesto. Y justo después de que creemos la estrategia, demos prioridades a los siguientes puntos:

- Ahorro.
- Disminución de deudas.
- Bienestar familiar.
- Anticipación al futuro.

¿Qué es y cómo se compone el ciclo presupuestal?

Así como todos los seres vivos tienen un ciclo, que nos lo enseñan desde pequeños, con sus respectivas variantes, y se trata de nacer, crecer, reproducirse y morir, en el caso de las finanzas personales y en particular del presupuesto existe lo que se conoce como el ciclo presupuestal, que se compone de lo siguiente:

Planear. Es empezar un proyecto con una intención. Definir la estrategia ideal para conseguir lo que proyectamos. Elaborar el uso de una acción determinada con el objetivo de dirigirla y encausarla.

Actuar. Es el ejercicio y la posibilidad de hacer y llevar a cabo un plan antes elaborado. Poner en marcha las estrategias de forma inteligente para encaminar el desarrollo y el cumplimiento de las metas.

Controlar. Es el mecanismo de corrección, supervisión y prevención de la realización de los planes elaborados. Es la última parte del ciclo presupuestal y aquélla donde se da el mantenimiento correctivo a lo que estamos realizando, con el fin de llegar a un objetivo puntual.

Al conocer el ciclo presupuestal nos damos idea del inicio y fin de nuestro presupuesto. Además, nos sugiere una estrategia para finalizar lo que nos proponemos. La omisión de alguno de los puntos del ciclo nos lleva al fracaso de cualquier presupuesto. De ahí la importancia de llevar un orden y hacerlo hábito.

¿Cómo elaborar el presupuesto?

Después de conocer las bases y el ciclo de un presupuesto, viene la parte más importante: llevarlo a cabo, lograr que la teoría se convierta en práctica, hacer que nuestros sueños se vuelvan metas y nuestras metas, realidad.

El problema que enfrentan muchas personas cuando empiezan a realizar un presupuesto es que no saben, a ciencia cierta, por dónde empezar, y aunque habrá muchas formas de realizarlo, nuestro objetivo es que sea de manera sencilla. Aquello que es difícil muy pocas veces logra el éxito supuesto.

Vamos a ver una forma fácil para realizar un presupuesto, basándonos en los siete pasos principales y siempre siguiendo el ciclo presupuestal.

Paso 1: define tus metas a futuro

Así como un auto necesita un motor para moverse (aunque todo el auto esté completo, con gasolina ilimitada y sea el más bonito del mundo, si no tiene motor, nunca se desplazará), el presupuesto y las finanzas personales funcionan de la misma manera: si no hay motor, si no hay motivación, si no existen metas, por perfecto que sea el presupuesto y por muchos recursos financieros que tengas, nunca vas a lograr nada. No habrá movimiento.

Las metas son el mejor motor para el cumplimiento de un presupuesto y el saneamiento de las finanzas personales.

Por ello, el paso número uno es definir metas. De ser necesario, regresa al "Capítulo 3. Las metas financieras", hasta que ese punto quede claro, ya que si no lo hacemos de forma correcta, es muy difícil que tengamos éxito.

Es importante que si ya plasmaste tus metas a corto, mediano y largo plazo, las pongas en un lugar visible y, de preferencia, en la parte superior de tu presupuesto; esto te dará la motivación para cumplirlo y la visión para seguir adelante y crear la mejor estrategia posible.

Paso 2: conoce todos tus ingresos

En muchas ocasiones las cosas más obvias son las que nos alejan de nuestros objetivos. Los ingresos pueden ser esa parte obvia que constituya un obstáculo, pues si no los tomamos en cuenta con pesos y centavos, pueden dar pie a esas fugas que frustran cualquier plan que realizamos.

Toma en cuenta todos los ingresos que recibas, por insignificantes que parezcan. Éstos pueden ser:

- Sueldo fijo (quincena o mensualidad).
- Aportaciones de familiares (cónyuge, sobrino, hijos o cualquier pariente).
- Rentas.
- Utilidades de negocios.
- Ingresos por pasatiempos.
- Comisiones o bonos.
- Rendimientos.
- Otros.

Es importante que hagas conciencia de todos y cada uno de los ingresos que entran a tu bolsillo, pues serán las herramientas para hacer de tu planeación un éxito.

Paso 3: prioriza el ahorro

El paso más significativo y aquél que te brindará las mejores herramientas para cumplir tus metas es el ahorro. No importa qué tan grande o pequeño sea tu ahorro, cualquier cosa es buena, lo esencial es que generes el hábito.

Es primordial que antes de que empieces a generar compromisos y a realizar pagos, apartes algo para el ahorro con la finalidad de ajustar tu presupuesto, suponiendo que ese dinero no lo tienes disponible en el plazo inmediato. Haz un ahorro programado, algo formal, y, sobre todo, intenta que ese ahorro se convierta en inversión; recuerda que necesitas que los intereses también jueguen a tu favor y que tu dinero trabaje para ti.

También toma en cuenta el *ahorro hormiga*, esto es básicamente un ahorro informal, el cual generas con aquellas monedas que te quedan en el día a día, de preferencia monedas de cinco y 10 pesos. En lugar de destinar eso al *gasto hormiga* (pequeños gastos que generan fugas grandes), en vez de comprarte un refresco o unas papas, guarda el dinero en una alcancía. Cuando menos te des cuenta, tendrás una cantidad grande que no tenías contemplada y que te ayudará a cumplir alguna meta chica o a completar para una grande.

Paso 4: encuentra tus rubros

Este paso puede ser el más engañoso y difícil de todos al elaborar el presupuesto. He aquí el punto donde cada persona debe establecer sus prioridades y categorizarlas de acuerdo con sus necesidades. Es de vital importancia que pienses en todos y cada uno de los rubros en los que gastas de forma habitual (renta, despensa, teléfono, etcétera), así como aquellos que son periódicos (primas anuales de seguro, predial, agua…). Pero, recuerda: el éxito de las finanzas personales es que te conozcas a la perfección en cuanto a costumbres, hábitos y obligaciones; de esta manera el plan a realizar tiene un margen de error muy pequeño y facilita el control presupuestal. Cada rubro representa tu actividad financiera, por lo cual también servirá como fotografía de tus gastos y para saber, en determinado momento, en dónde debes ajustar el presupuesto.

Paso 5: asigna el presupuesto

Al superar los cuatro pasos anteriores, ya pasamos varios obstáculos para, entonces, llegar a la que muchos piensan que es la parte más difícil, pero en realidad ya es sólo un trámite: la de ponerle pesos y centavos a cada rubro. Es muy fácil pues al final es sólo anticiparnos a los gastos. La asignación del presupuesto no tiene que ser exacta, mientras más experiencia tengas más exacta resultará tu suposición. Pero, al final, si conocemos todos los rubros donde vamos a gastar, las cantidades ya no resultan tan complicadas. Llegar a este punto es lo complicado; a partir de aquí *ya no hay vuelta de hoja*: te estás convirtiendo en un excelente administrador de tus recursos.

Como comentamos al principio de este capítulo, el presupuesto es un cálculo anticipado y programado de la actividad financiera. Anticiparnos y programar los gastos es suponer lo que va a suceder. Para ello es importante tomar en cuenta tres columnas para cada rubro o categoría:

1) *Presupuesto*. Cantidad inexacta que esperas gastar durante el periodo en que realizas el plan.
2) *Gasto real*. Cantidad exacta de lo que efectivamente gastaste en cada rubro.
3) *Diferencia*. Resulta de restar al *presupuesto* el *gasto real* para saber qué tan factible era nuestro plan y hacer los ajustes para el siguiente presupuesto.

Nota: Para que tengas una idea más detallada de lo que abarca cada rubro del presupuesto, revisa el "Anexo 4. Los diferentes rubros del presupuesto".

Paso 6: supervisa tus movimientos

Al llegar a este paso, en teoría, ya anticipaste y programaste todos tus pagos y obligaciones financieras; se podría decir que ya organizaste totalmente tu presupuesto. Pero de nada servirá haber realizado los cinco pasos anteriores si no le das seguimiento a tu presupuesto; esto quiere decir que debes llegar a la parte del ciclo presupuestal llamada *controlar*, que consiste en supervisar todos los movimientos que hiciste en el periodo de planeación. Éste es un punto donde distingues entre lo que presupuestaste y lo que realmente gastaste; donde analizas y revisas qué pudiste haber evitado o reducido, qué pago te falta, etcétera.

Principalmente, lo que debes procurar en este punto es lo siguiente:

- Anotar todos los gastos.
- Llevar un control de efectivo y de tarjetas.
- Disciplinar tus movimientos.
- Evitar gastos no presupuestados.

Paso 7: toma el control

Muchas felicidades. Si estás en este punto del presupuesto, habrás recorrido ya un camino bastante difícil, en el cual te has enfrentado a mitos, pensamientos nocivos, definición de metas y cuatro pilares de la inteligencia financiera. Es tiempo de sólo llevar el control de todo lo que sucede en tus finanzas personales y evitar tomar malas decisiones.

Para finalizar quisieramos darte tres consejos básicos respecto del presupuesto que te servirán:

1) *Hazlo simple*. La mayoría de las personas no acaba su presupuesto porque lo hacen de forma complicada y se *hacen bolas* en el llenado; trata de seguir los pasos uno a uno y

verás qué simple será. Si lo deseas, puedes apoyarte con colores para que sea más sencillo.

2) *Actualiza en todo momento.* No cuenta si haces un gasto y no lo apuntas; el presupuesto será exitoso si, en la medida de lo posible, lo llenas completamente.

3) *Tenlo siempre a la mano.* Trata de llevar tu presupuesto siempre contigo. Existen actualmente muchas aplicaciones para el celular que te permiten hacerlo y en este caso te ayudarían bastante. Si no tienes alguna aplicación y no quieres llevar tu hojita a todos lados, ponlo en un lugar 100% visible, por ejemplo, en el refrigerador o a un lado del espejo de tu cuarto.

De esta manera concluye tu primer acercamiento a las finanzas personales y, en particular, a los cuatro pilares de la inteligencia financiera.

Nota: Para elaborar tu presupuesto puedes guiarte con el formato en el "Anexo 5. Presupuesto familiar".

Cuestionario de pensamientos nocivos

Contesta las siguientes preguntas de la forma más sincera posible y pensando que tienes un salario fijo y estable.

1. Mis ingresos:
   a) Son más de lo que necesito.
   b) Son suficientes.
   c) Apenas me alcanzan.
   d) Están bien, pero no son lo más importante.
   e) Serían mejores si fueran más elevados, pero sé administrarlos bien y me rinden de forma eficiente.

2. Cuando llega mi dinero, ¿en qué lo gasto?
   a) En lo que me alcance para cubrir mis necesidades.
   b) Lo guardo, me da miedo perderlo.
   c) En lo que me haga sentir bien. No importa el mañana, es mejor vivir el hoy.
   d) No pienso en eso, hay cosas más importantes.
   e) En cubrir mis necesidades básicas y mis deudas, y siempre considero una cantidad para ahorrar.

3. ¿Cuánto dinero de mi sueldo destino al ahorro?
   a) Ya cubrí lo necesario, no importa el ahorro.
   b) Ahorro lo suficiente, pero el dinero lo tengo cerca de mí.

c) Nunca me sobra nada.

d) No me doy cuenta de cuánto ahorro ni me interesa.

e) Todos los meses dedico al ahorro mínimo 10% de mi sueldo.

4. Si yo tuviera dinero para invertir, ¿en qué lo haría?

a) No me alcanza para invertir.

b) No confío en las inversiones. Mejor compro bienes inmuebles.

c) En lo que genere más dinero, no importa qué sea.

d) En lo que me recomienden; todas las inversiones son iguales.

e) En instrumentos que generen rendimientos atractivos y que vayan con mi perfil de inversionista.

5. ¿Cómo cubro los riesgos y accidentes?

a) Los seguros son para ricos, así que mejor me cuido.

b) Me da miedo descapitalizarme; por tanto, trato de proteger todo con seguro.

c) Si es un plan que convenga a mi estatus social, lo compro.

d) No importa qué seguro si cubre a mis familiares.

e) Mantengo un ahorro de mínimo tres meses de mi sueldo; además tengo una cobertura con seguros de acuerdo con mis necesidades.

6. ¿Cómo me preparo para el futuro?

a) Primero debo salir adelante hoy, ya después me preocupo por el mañana.

b) Veo opciones para preparar mi retiro de forma segura; me da miedo quedarme sin nada.

c) El dinero va y viene, no me preocupa, ya conseguiré más.

d) Lo primero es mi familia, lo demás lo resolveré después.

e) Doy aportaciones voluntarias a mi afore y tengo un fondo de inversión que cubre mis necesidades a futuro.

7. ¿Qué es para mí el dinero?
   a) Una herramienta de pago.
   b) Un tesoro.
   c) Un índice de riqueza.
   d) Una recompensa de trabajo.
   e) Un medio de intercambio de bienes y servicios que debe ser administrado de forma eficiente.

Suma todas las respuestas de acuerdo con la letra a la que correspondan (*a, b, c, d* o *e*), coloca el número del total en las líneas siguientes e identifica el pensamiento dominante que tienes con base en la última lista.

Total *a* _____
Total *b* _____
Total *c* _____
Total *d* _____
Total *e* _____

a = conformista.
b = miedoso.
c = despilfarrador.
d = despreocupado.
e = cerca de la inteligencia financiera.

ANEXO 2

Define tus metas

Contesta las preguntas de cada casilla. Trata de ser sincero contigo mismo y sigue paso a paso el criterio SMART. Apunta cuantas metas quieras y mantenlas en un lugar visible. Puedes completarlas con imágenes para lograr una mayor motivación.

	CORTO PLAZO (0-6 MESES)	MEDIANO PLAZO (6 MESES-1 AÑO)	LARGO PLAZO (1-5 AÑOS)
¿QUÉ? (ESPECÍFICA)			
¿CUÁNTO? (MEDIBLE)			
¿CÓMO? (ALCANZABLE)			
¿ES POSIBLE? (REALISTA)			
¿CUÁNDO? (OPORTUNA)			

La pirámide
de consumo inteligente

Supón que tus ingresos son de 15 mil pesos. Distribúyelos de forma consciente en la siguiente pirámide.

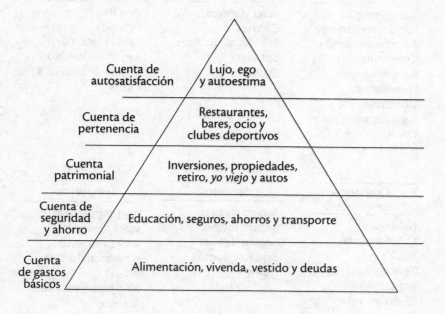

Cuenta de autosatisfacción — Lujo, ego y autoestima

Cuenta de pertenencia — Restaurantes, bares, ocio y clubes deportivos

Cuenta patrimonial — Inversiones, propiedades, retiro, *yo viejo* y autos

Cuenta de seguridad y ahorro — Educación, seguros, ahorros y transporte

Cuenta de gastos básicos — Alimentación, vivenda, vestido y deudas

Los diferentes rubros del presupuesto

En las tablas siguientes se presenta a detalle el contenido de cada rubro a considerar en tu presupuesto.

INGRESO:	OCIO Y VARIOS:	CRÉDITOS:
Sueldo propio	Bares y antros	Personal
Sueldo del cónyuge	Cigarros	Estudios
Aportación familiar	Bebidas alcohólicas	Tarjeta de crédito 1
Comisiones	Botanas	Tarjeta de crédito 2
Rendimientos	Otros	Tarjeta de crédito 3
Honorarios		Otros
Utilidades		
Ingresos adicionales		
Otros		

CUIDADOS PERSONALES:	SEGUROS:	IMPUESTOS:
Médicos	Seguro de casa	IVA (impuesto al valor agregado)
Cabello y uñas	Seguro médico	IETU (impuesto empresarial a tasa única)
Ropa	Seguro de vida	ISR (impuesto sobre la renta)
Tintorería	Seguro de auto	Depósitos en efectivo
Maquillaje	Otros	Otros
Club deportivo		
Otros		

COMIDAS:

Refrigerios
Restaurantes
Cafés y pasteles
Otros

MASCOTAS:

Comida
Veterinario
Cepillado
Juguetes
Premios
Otros

PASATIEMPOS:

Cursos y clases
Herramientas
Insumos
Cuotas
Otros

REGALOS Y DONACIONES:

Donaciones
Regalos de cumpleaños
Regalos de Navidad
Regalos de aniversario
Otros

VACACIONES:

Transporte
Hotel
Alimentos
Recreación
Souvenirs
Otros

ENTRETENIMIENTO:

Videos o DVD
Discos compactos
Películas
Conciertos
Eventos deportivos
Obras de teatro
Otros

VIVIENDA:

Hipoteca o alquiler
Alimentos
Teléfono fijo
Celular
Luz
Gas
Agua
Televisión por cable
Internet
Seguridad
Limpieza
Mantenimiento o reparaciones
Suministros / Supermercado
Otros

TRANSPORTE:

Pago del automóvil
Gastos de taxi, autobús o metro
Permisos o tenencias
Gasolina
Mantenimiento
Casetas
Otros

ANEXO 5

Presupuesto familiar

En este anexo se presenta un formato para que elabores tu presupuesto familiar. Asigna conceptos en cada rubro con base en tus necesidades; para ello puedes apoyarte en el anexo anterior. Finalmente llénalo por completo para que organices y manejes de forma adecuada tu presupuesto.

INGRESO	PRESUPUESTO	GASTO REAL	DIFERENCIA
Total de ingresos			

INGRESOS-AHORROS	PRESUPUESTO	GASTO REAL	DIFERENCIA
Ingreso disponible			

VIVIENDA	PRESUPUESTO	GASTO REAL	DIFERENCIA
Total de vivienda			

AHORRO	PRESUPUESTO	GASTO REAL	DIFERENCIA
Total de ahorro			

CRÉDITO	PRESUPUESTO	GASTO REAL	DIFERENCIA
Total de crédito			

112

SEGUROS	PRESUPUESTO	GASTO REAL	DIFERENCIA
Total de seguros			

TRANSPORTE	PRESUPUESTO	GASTO REAL	DIFERENCIA
Total de transporte			

CUIDADOS PERSONALES	PRESUPUESTO	GASTO REAL	DIFERENCIA
Total de cuidados personales			

COMIDA	PRESUPUESTO	GASTO REAL	DIFERENCIA
Total comida			

ENTRETE-NIMIENTO	PRESUPUESTO	GASTO REAL	DIFERENCIA
Total entretenimiento			

MASCOTAS	PRESUPUESTO	GASTO REAL	DIFERENCIA
Total de mascotas			

IMPUESTOS	PRESUPUESTO	GASTO REAL	DIFERENCIA
Total de impuestos			

OCIO Y VARIOS	PRESUPUESTO	GASTO REAL	DIFERENCIA
Total de ocio y varios			

REGALOS Y DONACIONES	PRESUPUESTO	GASTO REAL	DIFERENCIA
Total de regalos y donaciones			

VACACIONES	PRESUPUESTO	GASTO REAL	DIFERENCIA
Total de vacaciones			

PASATIEMPOS	PRESUPUESTO	GASTO REAL	DIFERENCIA
Total de pasatiempos			

GASTOS	PRESUPUESTO	GASTO REAL	DIFERENCIA
Vivienda			
Créditos			
Seguros			
Transporte			
Cuidados personales			
Comida			
Entretenimiento			
Mascotas			
Impuestos			
Ocio y varios			
Regalos y donaciones			
Vacaciones			
Pasatiempos			
Total de gastos			

RESUMEN	PRESUPUESTO	GASTO REAL	DIFERENCIA
Ingresos totales			
Ahorros totales			
Ingresos disponibles			
Gastos totales			
Sobrante/ Faltante			

Bibliografía de consulta

Abundiz, Gianco, *Saber gastar*, México, Aguilar, 2009.

Castillo, Héctor y Héctor González Díaz-Barreiro, *Ponte vivo con tu dinero*, México, Panorama, 2007.

Dickey, Terry, *Cómo elaborar un presupuesto*, México, Grupo Editorial Iberoamericana, 1994.

Gardner, Howard, *Inteligencias múltiples. La teoría en la práctica*, Barcelona, Ediciones Paidós Ibérica, 1993.

Goleman, Daniel, *Inteligencia emocional*, México, Ediciones B, 1995.

Johnson, Robert W. y R.W. Melicher, *Administración financiera*, México, CECSA, 1971.

Kiyosaki, Robert y Sharon Lechter, *El cuadrante del flujo de dinero*, México, Aguilar, 1998.

Kiyosaki, Robert y Sharon Lechter, *Padre rico, padre pobre para jóvenes*, México, Aguilar, 2001.

118   Macías, Sofía, *Pequeño cerdo capitalista*, México, Aguilar, 2011.

Ross, Stephen et al., *Finanzas corporativas*, México, Mc Graw Hill, 2005.

Villalobos, José Luis, *Matemáticas financieras*, México, Pearson, 2007.

La clave de las finanzas personales inteligentes

terminó de imprimirse en 2016
en los talleres de Imprimex
Antiguo Camino a Culhuacán 87, colonia Santa Isabel Industrial,
delegación Iztapalapa, 09820, Ciudad de México.
www.grupoimprimex.com